2016年度湖南省普通高校教学改革研究项目
（湘教通〔2016〕400号）

普通高校体育教学发展与改革探究

刘明　张可　刘洋　著

中国纺织出版社

内容提要

本书对我国体育教学改革与发展提出了多方面的创新性见解。本书共分九章。第一章对体育教学基本理论知识进行了概述。第二章对普通高校体育教学的发展与改革进行了宏观概括。第三章分析了普通高校体育教学思想的演变与发展。第四章至第八章对体育教学内容、教学方法、教学模式、教学设计、教学评价等方面进行了全面的分析,并探讨了发展与改革的策略与措施。第九章对我国的继续教育体育专业教学的发展与改革进行了研究。

图书在版编目(CIP)数据

普通高校体育教学发展与改革探究 / 刘明,张可,刘洋著. -- 北京:中国纺织出版社,2018.9(2024.2重印)

ISBN 978-7-5180-3015-6

Ⅰ.①普… Ⅱ.①刘… ②张… ③刘… Ⅲ.①体育教学—教学研究—高等学校 Ⅳ.① G807.4

中国版本图书馆 CIP 数据核字(2016)第 237082 号

责任编辑:姚　君　　　　责任印制:储志伟

中国纺织出版社出版发行

地址:北京市朝阳区百子湾东里 A407 号楼　邮政编码:100124

销售电话:010-67004422　传真:010-87155801

http://www.c-textilep.com

E-mail:faxing@e-textilep.com

中国纺织出版社天猫旗舰店

官方微博 http://www.weibo.com/2119887771

北京兰星球彩色印刷有限公司印刷　各地新华书店经销

2018 年 9 月第 1 版　2024年2月第8次印刷

开本:710×1000　1/16　印张:17

字数:220 千字　定价:78.00 元

前　言

近年来，随着经济社会的快速发展，许多旧有体制、制度已经逐渐不能适应发展的需求，这就需要积极推进体制机制的改革，促进各方面的体制机制与经济社会发展相适应。教育改革就是在这一大环境下开展起来的。

近年来，我国不断推进体育教学改革，推进素质教育的普及，并且取得了一定的成果。然而，现阶段，我国教育中仍然存在诸多问题，教学改革还有很长的路要走。在普通高校体育教学中，教学目标不确定、教学手段较为单一、教学质量不高的问题普遍存在，体育教学深受传统教育思想的影响，导致体育教学改革举步维艰。

在这一发展现状下，有必要对体育教学的各个方面进行全面梳理，找出影响体育教学质量的症结所在，从而有针对性地推进体育教学的改革与发展。为了实现这一目标，特撰写了这本《普通高校体育教学发展与改革探究》。本书对体育教学基本理论、教学内容、教学方法、教学模式、教学设计、教学评价等方面进行了全面分析，并探讨了高校体育教学发展与改革的策略与措施。

本书共分九章。第一章对体育教学基本理论知识进行了概述，包括体育教学的概念、特点、性质、功能、目标、原则和主体等；第二章对普通高校体育教学的发展与改革进行了概括，包括体育教学的产生与发展、体育教学的现状与问题、体育教学改革探讨、体育教学的发展与创新、体育教学的发展趋势与对策等；第三章分析了普通高校体育教学思想的演变与发展，首先对我国体育教育思想的演变与发展进行了分析，而后对建构主义、西方教学思想、人文精神和现代科学体育教学思想进行了阐述，分析了其对我国体育教学思想的影响；第四章至第八章分别对我国普通高校体育教学的内容、教学方法、教学模式、教学设计、教学评价等方面的基本理论进行了研究，在此基础上提出了相应的发展与改革的策略和措施；第九章对继续教育体育专业教学的发展与改革进行了研究，首先对我国高校继续教育学院的发展现状与发展趋势进行了分析，而后分别对运动训练专业、体育教育专业和民族传统体育文化专业教学发展与改革进行了探讨。

综观本书，内容全面而翔实，对我国体育教学改革与发展提出了多方面的创新性建议。本书对于我国体育教学改革的推进具有较大的促进作用，不仅能够为专家、学者进行体育教学改革研究提供借鉴，对于体育教学理论的发展也具有较大的学术价值。

本书由湖南理工学院体育学院刘明、张可、刘洋撰写完成，并由三人统稿。具体分工如下。

第二章，第四章，第六章，第八章，第九章：刘明；

第一章，第五章：张可；

第三章，第七章：刘洋。

本书在写作过程中广泛参考和吸收了多位专家、学者关于体育教学改革与发展方面的研究成果，在此表示感谢。因时间相对有限，能力亦有不足，书中如有不当之处，敬请批评指正。

作者

2017 年 8 月

目　录

第一章　体育教学基本理论知识概述……………………… 1

第一节　体育教学的概念与特点……………………………… 1

第二节　体育教学的性质及功能……………………………… 11

第三节　体育教学的目标与原则……………………………… 18

第四节　体育教学过程中的主体……………………………… 29

第二章　普通高校体育教学的发展与改革……………… 33

第一节　体育教学的产生与发展……………………………… 33

第二节　当前我国高校体育教学的发展现状与存在问题分析……………………………… 41

第三节　我国高校体育教学改革的探讨……………………… 43

第四节　高校体育教学的发展与创新………………………… 49

第五节　我国高校体育教学发展的趋势与对策……………… 55

第三章　普通高校体育教学思想的演变与发展………… 61

第一节　我国高校体育教学思想的演变与发展……………… 61

第二节　建构主义学习理论对我国体育教学思想的影响……………………………… 64

第三节　现代西方教学思想对我国体育教学思想的影响……………………………… 71

第四节　现代人文精神对我国体育教学思想的影响………… 76

第五节　现代科学体育教学思想的应用……………………… 81

第四章　普通高校体育教学内容的发展与改革………… 91

第一节　体育教学内容基本理论……………………………… 91

第二节　体育教学内容的编排与选择………………………… 99

第三节　体育教材化…………………………………………… 108
第四节　高校体育教学内容的发展与改革……………………… 114
第五章　普通高校体育教学方法的发展与改革……………… 119
第一节　体育教学方法基本理论………………………………… 119
第二节　体育教学方法的选择与应用…………………………… 128
第三节　高校体育教学方法的发展与改革……………………… 142
第六章　普通高校体育教学模式的发展与改革……………… 151
第一节　体育教学模式基本理论………………………………… 151
第二节　现代创新体育教学模式的构建与应用………………… 160
第三节　高校体育教学模式的发展与改革……………………… 175
第七章　普通高校体育教学设计的发展与改革……………… 180
第一节　体育教学设计基本理论………………………………… 180
第二节　高校体育教学目标与组织设计………………………… 200
第三节　高校体育教学策略设计构想…………………………… 206
第四节　高校体育教学设计的发展……………………………… 209
第八章　普通高校体育教学评价的发展与改革……………… 213
第一节　体育教学评价基本理论………………………………… 213
第二节　体育教师教学评价……………………………………… 225
第三节　学生学习评价…………………………………………… 232
第四节　高校体育教学评价的发展……………………………… 236
第九章　继续教育体育专业教学的发展与改革思考　…… 243
第一节　我国高校继续教育学院的发展现状与趋势… 243
第二节　运动训练专业教学发展与改革………………………… 250
第三节　体育教育专业教学发展与改革………………………… 252
第四节　民族传统体育专业教学发展与改革…………………… 256
参考文献………………………………………………………… 263

第一章　体育教学基本理论知识概述

体育教学活动是随着体育学科的建立而出现的一种自然现象，它是现代教育教学的重要组成部分，是落实素质教育、培养全面发展的高素质人才的一个重要途径和方法。要想科学地组织和开展体育教学活动、充分发挥体育教学的价值、培养现代体育专业人才，体育教学工作者必须明确体育教学的基本理论知识，包括体育教学的概念与特点、性质与功能、目标与原则以及教学主体。本章主要就上述几方面内容进行系统解析与阐述，以便于体育教师和学生更全面、深入地认识体育教学。

第一节　体育教学的概念与特点

一、体育教学的概念

（一）教学

教学是“教”与“学”的合称，我国很早就有关于“教”与“学”的研究，据史料记载，“教”与“学”在早期的甲骨文中就已经出现过。在早期的甲骨文中，曾有“丁酉卜，其呼以多方小子小臣其教戒”“壬子卜，弗酒小求，学”的记载，“教”与“学”的结合则最早见于《尚书·兑命》（孔颖达），其中有：“上学为教；下学者，学习也。言教人乃是益己学之半也”的语句。东汉时期，许慎著《说文解字》，其中曾有“教，上所施，下所效也”的解释。

国内外学者关于“教学”的研究发展至今已有很长一段时间的历史,但就目前来说,学术界对“教学”概念的解释并不完全一致,不同的学者从不同的角度均提出了自己的观点和见解。

国外学者对“教学”的论述可以从宏观和微观两个方面进行理解。从宏观角度分析,教学是一种特殊的教育活动,它是指教学者以一种或多种文化为对象,对受教者进行教育,以期让受教者获得这种文化的活动。其中的教学者是掌握某种知识或技能的人,他与接受教育的人共同构成教学的主体。从微观意义上讲,教学是一种直观的教师进行教授和学生进行学习的活动,在这个活动中,教师是教学的引导者,是教学活动的组织者和知识传授者;学生是教学的“受众”和主体,简而言之,教学是一种以特定文化为对象的“教”与“学”的活动。

就我国来讲,相关学者关于教学的研究论述影响力最大的、权威性较强的观点主要包括两种:一种是统一活动说,代表人物是王策三和李秉德,他们认为,教学过程是“教”与“学”统一的整体,强调学生的全面身心的发展。另一种是教学的广义和狭义说,广义的教学泛指经验的传授和获得过程。狭义的教学则是单指学校教育中以培养人才为目的的各类教学活动。“教学”是一种动态行为,是教学工作者对具体的学科或技能组合进行的一种有组织、有计划的教学行为。目前,这一种论述比较符合当前我国体育教育的现状。

(二)体育教学

教学是一种教育活动,这种活动需要教师和学生的共同参与,并为了实现某一具体的教学目标而相互协作。体育教学是一门学科,是体育教育的重要内容,更是一种教学活动。体育教学主要是有目的、有计划、有组织的相关体育活动的组合。

体育教学是针对体育学科展开的一种教学活动。体育教学包括体育教学目标、教学内容、教学评价等内容。体育教学是一种特殊的教学课程,它从生物科学、教育学、心理学、社会学、哲学等学科中获得知识，以发展学生体能，增进学生身心健康为主要目标，它配合德、智、美、劳进行教学，促进学生身心全面发展。体育运动与体育活动、训练方面的教育都能够促进学生身心发展的基础修养，是现代素质教育的主要内容和方法。体育教学不仅仅是把理论知识背熟就可以，它是在参与运动技能的基础上，有一定技能进行的体育活动，达到体育参与一定运动技能的标准，是体育感受体验的积累。

综上所述，对体育教学概念的界定可以如此描述，即体育教学是指体育教师在教学的过程中，以体育教材为媒介，与德、智、美、劳的教育课程相配合，引导学生学习体育基本知识、熟知体育基本技术、掌握体育基本技能，并养成良好的体育锻炼习惯，以促进其生理、心理、社会适应能力健康发展的一种活动。

从本质来讲，体育教学是在学校环境中进行的一种教学活动，主要参与者是体育教师和学生，具体的活动内容为学生在教师的组织和指导下，对体育相关的基本知识、体育运动技能、体育运动素养进行了解、掌握和提高，旨在促进学生的身心健康和全面发展。

二、体育教学的特点

体育教学具有教学活动的一般特点，同时也具有体育学科的特殊特点，现主要针对后者详细分析如下。

（一）身体活动的常态性

体育学科是以身体发展为基础的学科，因此，在体育教学中，身体活动是教学活动的主要内容和形式，体育教学过程中有很多对身体活动的要求，这是体育教学区别于其他学科的重要基础所在，是体育教学与其他学科教学的最大区别。

一般文化类学科的教学，其教学场所多为教室、实验室、多功能厅，教学过程中需要教学环境的静态性，即整个教学活动过程要保持相对的安静，这样才能激发学生的思维并产生很好的学习效果。

体育教学通常会在户外进行，如果是在室内，多选择较为宽阔的专用运动场馆，而且在大多数时间的运动技术练习环节中并不需要刻意保持安静，学生之间、学生与教师之间都可以随时有相关的交流和沟通，如此才更有利于学生对运动技术的学习。整个体育教学过程中，学生需要不断重复学习体育运动技能，这也决定了学生在体育教学活动中要经常进行身体活动，即体育教学具有身体活动的常态性特点。在体育教学中，几乎所有内容都涉及身体活动，或者是为即将到来的身体活动做准备的活动，这是对作为“身体知识”的体育教学的最好诠释。在体育教学过程中，不仅是学生要进行具有一定运动负荷的运动，教师在做示范、做指导和参与到组队教学赛中也需要付出不少体力。可见，体育教学身体活动的常态性特点不单单是针对学生，同时也包括教师。总之，体育课堂教学过程中，教师与学生的身体操练非常频繁，这种几乎常态化的特点成为体育教学最为显著的特点。

（二）身心练习的统一性

身体健康与心理健康是现代健康新理念中关于健康的两个重要方面，二者之间也有着密切的关系，具体体现在，身体健康有助于改善心理健康，而心理健康对身体健康具有重要的影响作用，身体发展是基础，心理发展是依赖，能够促进身体发展。二者是相互影响、相互促进的关系。因此，体育教学强调促进学生的身心共同发展。

在其他一般学科的教学中，更多的是重视学生的智力发展和心理塑造，在身体发展方面存在着一定的局限性，更难以实现身心发展的统一。

体育教学重视学生的身心双修，重视对学生身体的改造，与此同时，它还强化学生的心理与多种适应能力。而在其他学科的教学中便无法达到这样的效果，这主要在于体育教学营造了不同种类的教学情境，一系列积极的情境使得参与其中的人在潜移默化中受到感染，在体育教学中，学生的身心发展看似是多元的，但实际上在过程中是一种身心统一的锻炼，即达到身体与心理的共同拓展和发展，表现出十足的统一性。

体育教学不仅可以促进学生增强体质、提高体能、发展技能，而且有利于培养学生的思维方式和良好的心理品质，促进学生身心健康协调发展。具体来说，体育教学中学生身心练习的统一性主要表现在三个方面。首先，在体育教学内容方面，体育教学内容的选择应符合学生的身心健康状况，所选教材的编排要符合该年龄段学生的心理特点，并要满足学生美学、社会学等其他方面的要求。使学生通过教学过程中的知识学习、身体练习与情感体验，获得身心的健康发展。其次，在体育教学方法方面，体育教学方法要符合体育教学实际，要遵循与学生年龄段相适应的身心变化规律，根据学生的这些身心特点安排教学，以促进学生身心共同发展。最后，在体育教学运动负荷安排方面同样注重身心发展的统一。体育教学重在体育实践，它以身体练习为主，需要学生运用身体器官直接参与活动，不仅要承受一定的身体负荷，还要承受一定的心理负荷。负荷要与学生身体状况相符，不能超过学生生理极限，以免对学生身体造成伤害和引起学生的挫败感；负荷也不能过低，以免不能促进学生身体健康发展和容易引起学生轻易完成练习活动的骄傲自满心理。负荷应恰到好处，使学生承受肌肉活动引起的疲劳与不适，提高运动技能并体验不同的心理过程，磨炼思想意志，塑造克服困难、团结一致、努力拼搏的健康心理。

（三）技能学习的重复性

现代体育教学旨在通过身体练习促进学生的身体、心理和社会适应能力的共同发展，在整个教学过程中，主要以身体练习为主，技能学习是体育教学的重要学习内容，学生对运动技能的掌握必须经历一个不断重复的过程。

研究表明，任何一个体育运动项目，其运动技能的形成具有阶段性和规律性，运动技能形成大致要经历这样一个过程：练习分解动作—练习连贯动作—独立完成连贯动作—熟练完成连贯动作。学生要想熟练掌握运动技能，需要经过长期的反复练习。学生无论是掌握篮足排运动中的复杂技能，还是学习体操中的滚翻、田径中的跑等技能，都需要经历由不会到会、由简单初步学习到复杂深入学习、由不熟练到熟练的发展过程。在此过程中，体育教师要严格遵循循序渐进原则，逐步指导学生掌握各种运动技能，根据不同运动技能的特点，合理安排练习内容和时间，通过反复练习，促进学生运动技能的掌握与提高。

（四）教学过程的直观性

体育教学过程具有直观性特点。这种直观性主要体现在讲解、示范和教学组织管理三个方面。具体分析如下。

（1）教学内容的讲解的直观性。简言之，讲解的直观性就是讲解清楚、简单明了、容易理解。具体来说，体育教学过程中，教师讲解体育教学内容，不仅要达到与其他学科教师讲解要求一致，还要求体育教师的语言更加生动，并且富有一定的肢体表现能力，使学生有形象、贴切、有趣的感觉。尤其是在某些拥有较难技术动作的体育运动教学中，教师不仅要对体育教学重点进行详细的描述，还要用生动、形象的语言对复杂的技术动作进行简单化的讲解，以提高课堂教学效果。

（2）动作技能示范的直观性。身体练习是体育教学过程的主要内容形式，学生对动作技能的接触最初是通过教师的动作示范来实现的。在教学中，为了加深学生的理解和认识，教师有必要进行动作示范和实践演示。在教师运用示范法时，需要运用非常直观形象的动作示范，其中包括正确动作的演示和错误动作的演示，这些演示都是非常直观地展现在学生眼前的，不能有任何的艺术加工和变形，这样才会使学生从感官上直接感知动作的正确与错误，以利于他们建立正确的、清晰的运动表象。当学生建立正确的动作表象后，再配合教师的讲解，使之与思维相结合，学生才能更加准确地掌握相关体育知识、技术及技能。

（3）教学组织与管理的直观性。体育教学中师生之间的互动要比其他任何学科都要频繁和广泛，体育教师对整个教学过程的组织与管理，学生都深入其中，有深刻体会。教师与学生接触更多，使学生对体育教学的组织与管理的观察与体会更加直观。在师生活动中，教师的言行举止对学生的身心都是一种无形的教育，有助于对学生的观察与帮助，有利于把控教学过程，也能为学生创造轻松的教学环境，使学生在教学中表现出来的言行都是他们最为真实的一面，也有利于体育教师获得正确的教学反馈。教学组织与管理的直观性要求体育教师重视良好教学环境的创设、促进师生关系的融洽，使教学过程更加科学合理。

（五）教学内容的情感性

经过不断发展，现代体育教学内容丰富，它不仅限于球类运动、游泳、田径等，还包括体育舞蹈、瑜伽，更融入了许多户外拓展训练等内容。通过对这些内容的学习，学生可以普遍从中体会到各种体育活动所带来的丰富情感。

现代体育教学中，不同体育教学内容给予学生的丰富情感体验主要表现在以下几个方面。

（1）体育运动中人体美、健康美和运动美的体验。在体育教学过程中，学生可以体会到只有体育才能赋予人的人体美和运动美。一方面，学生通过接受体育教学，掌握体育健身的方法和技能，以此达到运动塑身的效果，使身体外在形态保持优美的线条和良好的身材比例；另一方面，学生通过练习不同运动，可以认识到人体不同的动作展现出的动作美和肌肉的动态美，这种美只有在运动中才能看到，是极为外显的美。通过体育教学中对美的感受，可以提高学生的审美能力。既然有美的存在，那么就要有欣赏美的人和能够欣赏美、懂得如何欣赏美的能力。

（2）体育运动中体育精神美的体验。体育教学中，每一项运动都向学生表现出了不同的美的特点和审美特征,如球类运动可以表现个人对球类技术的掌握能力,集体球类项目中除了个人能力外,还包含了与队友之间的协作和互助精神。这些内容都是人类积累下来的丰富的体育内涵,而通过体育教学能促进学生感受到体育的精神美,掌握体育的精髓。学生通过参与体育活动可以陶冶情操,平衡心态。例如,学生在关键时刻始终保持冷静的心态,或是在胜利时表现出的谦虚等。

(3)体育运动中丰富社会角色的情感体验。体育教学是一种创造性的社会活动,其创造的成果就是让学生获得内在的顿悟和精神上的启迪。不同的体育运动中,学生在运动过程中扮演不同的角色(如足球运动的前锋、后卫、守门员等,如体育教学竞赛中的运动员、教练员、观众等),能使学生丰富自己的角色情感,对于其日后进入社会,适应不同社会角色具有重要的作用。

(六)教学环境的开放性

体育教学环境的开放性表现在教学场地和教学情境两个方面。一方面,体育教学主要是在室外进行的,目前,我国各级院校的体育教学多以体育实践课为主,体育教师组织的大多数体育课主要在学校操场进行。与其他学科主要在封闭的教室、实验室等地方开展教学活动不同,体育教学的教学空间富有变化性,环境更加开放。另一方面,在体育教学情境设置中,师生之间的关系和互动非常灵活多变,只要有利于促进学生身心发展,任何一种教学情境都可以尝试。

体育教学环境的开放性决定了体育教学具有不同于其他学科的室内教学和以教师的讲解为主的教学模式,体育教学环境的开放性使其教学过程具有更多的不确定因素,在体育教学过程中,教师应注意以下几点。首先,户外教学特点意味着体育教学受到的干扰因素较多,如天气、地形、周边设施与噪音等,体育教学的组织管理工作就会愈加复杂,需要精心设计与统筹安排体育教学的组织形式、教学步骤与方法。其次,室外体育教学是一个动态过程。教学过程中，班级内学生较多，且大部分的教学时间学生都处在不断变化与形式多样的运动中，教师对学生的管理是动态的，多采取分组教学并需要班干部和体育骨干的协调配合。最后，体育教学活动中需要使用多种体育器材和设施，由于不同学生的技术水平不同，且在使用器材设备时会有不同的习惯，再加上一些器材设备本身质量差或磨损严重，教学中充满了各种不确定因素，因此，体育教师要格外重视教学的安全性。

（七）教学条件的制约性

体育教学内容丰富，教学环境开放，涉及要素多，也就使得体育教学会受到更多客观条件的制约，这是体育教学的重要特点之一。体育教学受多种体育教学条件的制约，包括主观条件与客观条件，概况来讲，主要表现在以下三个方面。

（1）学生方面。学生作为体育教学过程中体育知识与技能传授的受众，与学生有关的诸多情况会对体育教学本身造成一些影响，主要因素包括学生的运动基础、学生其他基本情况（年龄、性别、生理和心理特点）、体育教学场地条件、器材、气候等。这些因素都会影响体育教学内容、教学方法、教学组织、教学设计、教学模式等方面，对整个体育教学产生重要影响。体育教学要想进行得顺利、获得良好的教学就要注重在学生的运动基础方面以及体质强弱等实际情况的区别对待、充分考虑，才能促进既定教学目标和教学效果的实现。

（2）教师方面。教师是体育教学活动中非常重要的一个参与者，体育教师的教学能力、对教学方法的熟悉程度、教师的体育教学组织和管理能力都会影响整个体育教学，对于体育教学来说也是一种重要的制约。

（3）教学环境方面。体育教学环境是体育教学的重要载体，其质量的高低对体育教学会产生较大影响。例如，体育教学活动多在户外开展，会面临严重的空气污染，或邻近马路带来的噪音污染等问题，这些问题势必会影响体育教学主体在教学活动中的状态与情绪；天气对于室外体育教学的影响也是不能忽视的，这点在早年间越发明显，如遇到雨、雪、大风等恶劣天气时，体育教学被迫停止，转而来到室内进行一些体育理论课的教学，如此充分表现了教学环境对体育实践课开展的制约作用。

体育教学的顺利开展，必须摆脱不利于体育教学条件及构成教学条件的各因素的影响，对此，体育教师就要在制订学年的体育教学计划到具体课时计划时，在进行教材内容选择与教学组织实施中都必须考虑到这些客观实际与影响因素，结合教学实际，科学选择体育教学内容、方法和组织形式，并充分结合自身特点与条件，促进体育教学的顺利进行，以实现体育教学目标和教学任务。

（八）人际关系的多边性

体育教学活动中的人际关系不是单纯的如其他学科教学中的那样，师生之间主要以教师讲解和学生领会为主，体育教学活动是一个师生双边互动活动，而且这种互动非常频繁和复杂，人际交往在体育教学中占据重要位置，这种人际交往具有多边性。

从教学组织形式来看，现代体育教学的组织形式主要是在单人、双人、小群体以及全班之间不断转换的，要求学生在不同的时空内完成不同的身体运动、不断地变换角色地位，彼此之间建立多种不同的联系。因此，在体育教学中，师生之间、学生之间、小群体之间具有频繁且形式多样的人际交往关系，教师和学生之间的关系复杂、多变。

体育教学过程中人际关系的多边性特点对体育教师的教学组织和管理能力提出了更高的要求，体育教师应运用多种方式与学生交流与沟通，并引导学生相互之间进行配合、鼓励与评判，教会学生在体育课堂中初步体会社会交往，培养学生的合作意识，提高其人际交往能力，并将这种良好的人际关系适应和处理能力延伸到体育学习之外的日常生活和社会关系处理中去。

第二节　体育教学的性质及功能

一、体育教学的性质

性质是决定事物本身与其他事物的最根本的区别，性质不同的两种事物带来的表象自然有一定的区别。体育教学和其他学科的教学最根本的区别就在于它本身所具有的体育教学性质。

结合体育教学的特点，体育教学的“体育性”主要表现在以下几个方面。

（1）体育教学的教学地点多为户外，但现代体育教学场所通常在室内的场馆也非常多见。

（2）体育教学中师生都要承受一定运动负荷与心理负荷。

（3）体育教学过程是身体活动与思维活动的结合，并且还有比较频繁的人际交往。

（4）体育教学侧重于发展学生身体时空感觉以及运动智力。

（5）体育教学更加关注学生自我操作与体验等。

特别需要指出的是，在体育教学中，“实操性”是体现体育教学性质的一个重要方面，它不同于化学、物理学科中的实验实操，而是一种身体技能学练。通过对比，可以发现，与其他学科教学最大的区别，即技能实操练习，体育运动技能的教学是现代体育教学最重要的教学形式，它是体育育人的主要方式。而对于运动技能的传授也是体育教学与其他学科教学的主要区别之一。在体育教学中，学生全面掌握体育运动技能，需要经过认知阶段、联系阶段与完善阶段等几个教学阶段才能实现。具体来说，在体育运动技能的认知阶段中，学生与体育运动技能之间的联系最为密切，这一阶段学生对所学技能的结构、要素、关系、力量、速度等要素进行表象化的认识，从这一角度来看，体育运动技能仅仅是学生提高身体素质、完成技术动作的一种方法，因此可以认为运动技术不具有人的特性，而只是一种“操作性知识”。

通过上述分析,应该认识到,体育教学的本质属性是体育性,体育教学是“一种针对运动技术和知识的教学”,在体育教学中,学生学会了运动知识并将之转化为运动技能,即充分实现了体育教学性质、达成了体育教学目标。

二、体育教学的功能

作为学科的一种,体育教学不仅具有一般学科的教学功能,即向学生传授生物、生理、心理、医学等自然科学和体育基本知识,还具有体育学科的特殊功能,即将科学的身体锻炼方法与手段传授给学生,使学生正确掌握运动技能,同时达到学习、健身与锻炼的目的。此外,体育教学对培养学生爱国主义情感、集体主义价值观、互帮友爱和顽强拼搏、积极进取的精神也发挥着极大的促进作用。具体来说,体育教学主要具有以下功能。

(一)健身功能

促进学生的身体发展是体育教学最基本的功能,增强人民体质是发展体育运动的本质属性。经过长期的改革与实践,现代体育教学课程在规划设计教学大纲、选择教材内容、安排课时、实施教学组织等方面已逐渐合理化与科学化。

体育教学的健身功能主要表现在以下几个方面。

(1)促进学生身体发育:身体练习效果可直接作用于人体,而且效果明显。对于儿童、青年学生来说,正处于身体形态迅速发育的关键时期,身体形态的可塑性较大。有针对性的体育教学能够促进学生的健康成长,经常参加体育锻炼对促进身体形态的正常发育具有重要作用。它可以让正处在发育期的学生养成正确的身体姿势,让身体更加强健,培养成健壮的体格和匀称的体型,有利生长发育。

(2)提高身体机能水平:体育对人体的机能水平提高具有重要作用,体育运动实践表明,经常参加体育锻炼能够提高身体机能水平。参加体育锻炼能够改善运动者神经过程的均衡性和灵活性；促进骨组织的血液循环，使骨骼更加结实粗壮；增加肺活量，有效改善呼吸系统；增强心脏活力，加快新陈代谢，从而使身体机能的各个器官系统的功能水平得到改善。在此基础上，进一步提高学生的免疫能力、抗病能力、环境适应能力等多方面素质和能力。

（3）全面发展身体体能：体育运动有利于促进学生身体体能的发展，身体体能的发展以运动动作实践为基础，因而体育锻炼对发展各种体能有着重要的作用。体育锻炼要求学生在运动过程中通过反复练习达到较高的心肺耐受力、柔韧性、肌肉耐力、灵敏性、平衡性等，全面促进学生体能发展。

（二）健心功能

体育的健心功能体现在其可直接作用于学生的心理、影响学生的心理发展，此外，还能通过影响学生的身体发展间接促进学生的心理健康。心理健康是评定人体健康的指标之一，体育教学不仅有利于学生的身体发展，还对学生的心理健康发展具有重要的作用。和体育教学的健身功能一样，体育教学促进心理健康的功能主要是通过教师传授来实现的，具体表现在以下几个方面。

（1）愉悦心情，缓解压力。运动能使人快乐，研究表明，体育运动可促进人体内激素分泌的变化，内啡肽分泌的增多可以让人感到幸福和快乐。体育活动可以使学生得到身体和心理上的放松，缓解学生的学习压力。

（2）调节心理，平和心态。体育教学能给学生带来丰富的情感体验，在参与体育运动的过程中，学生要频繁地面对成功与失败，其中失败和挫折的次数远远多于成功。由此可以培养学生在逆境中正确处理心态的能力，作为胜利者也要做到戒骄戒躁，只有具备这样的素质，才能再接再厉，取得成功。教学更为重要的作用是传授各种人类社会的道德、规范与理念，这是学生走向社会之前的必学内容。

（3）锻炼意志，修养品德。体育运动技能的学习需要学生不同的身体练习和技能，这一过程对于锻炼学生的意志具有重要的帮助作用。此外，体育教学中的体育活动必须符合体育项目特点和规则，尤其是在体育教学与比赛中，可以养成遵纪守则的良好习惯。根据体育运动或游戏的规则，运动竞赛或游戏要想顺利进行，必须依靠参与者自觉遵守既定规则。在体育练习或比赛（游戏）中，学生还要懂得关心同学，尊重对手，尊重裁判，自觉遵守体育课堂秩序，并将这种规则的遵守延续到日常社会生活中。

（4）促进交际，完善人格。体育运动是一种有助于体验人际交流愉悦感的活动，特别是对价值观、人生观和交友观尚未完全形成的学生的人际交往能力具有更大的帮助。同时，系统的体育教学还可以陶冶学生的情操，对塑造学生完美人格具有重要作用。体育教学中，大多体育运动或体育游戏都需要集体共同参与方能完成。体育运动取胜关键是集体的团结配合。因此，学生为了取胜，必须认识到团结互助、协调合作、发挥集体力量的重要性。学生作为体育运动团队中的一员，需要处理好个人利益与集体利益的关系，通过队友之间的自然交流，有利于相互之间的进一步沟通，联络感情，协调人际关系，做到顾全大局、运筹帷幄。

（三）知识传播

教育是对知识和技能的传播，韩愈《师说》之“传道授业解惑”，是指教育的综合的过程：传道、授业、解惑，三个并列而行。因此，“传授知识”以帮助学生“解惑”是体育教师承担的传播体育知识的重要责任，因此，体育教学具有传播体育知识的重要功能。

在体育教学中，整个教学过程主要是通过改造学生身体的手段来实现的，从“教”与“学”的角度来说，可以将体育知识形容成一种“身体的知识”。这种知识最初伴随着人类的发展而发展，每个人类社会时期都有相应的“身体的知识”的传承，如在原始社会，身体的知识就是人类通过走、跑、跳、投、打等动作捕获猎物或逃避猛兽的追捕等行为。而在现代社会中，体育知识的传承内容变成了某项体育运动（如篮球、体操）的基本知识或某些体育技能。通过传播体育理论知识，使学生掌握更多的体育健康和体育保健知识，才能从根本上提高学生的体育参与意识，提高其体育学习的积极性和主动性，进而促进学生个体的身心健康全面发展。

（四）技能发展

体育技能的学习和提高是通过体育教学过程的合理设计和实施来实现的。传统的运动技能等同于生存技能。那时的人类通过走、跑、跳、投、打等行为捕猎和采摘，已获得生存的能量。

现代体育教学中所涉及的体育运动技能对于人体的要求就不再像过去那样严格，主要是指如球类、武术、田径和游泳等运动技巧和方法。科学研究表明，适当参加体育运动对人的身体素质的发展非常有益，而体育教学就成了传授这些运动技术的最好方式。

当前，在普通高校体育教学中，体育教学活动的组织过程就是体育教师以体育教学内容为依据对学生传授体育知识与相关技能的双向信息传送的过程。没有实践就无法学会各种运动技能。运动技术是体育教学的主要内容，也是重要内容。具体来说，教师在体育课中传习的是各项具体运动技术，如足球运动中的传球技术，甚至可以细分到内脚背传球技术。运动技术不同于其他学科的学习，它不仅需要学生对运动理论有深刻的了解，还要身体力行地参与技术练习，在无数次的重复中逐渐在脑中和身体上建立起对技术的表象反应，最终到熟悉动作以及可以在下意识的情况下做出正确的动作，并通过持续的练习来促进各项体育运动技能的提高与发展。

体育教师是运动技术的掌握者和传播者，他们在向学生传授运动技术的过程中发挥着十分重要的作用。体育教师对运动技术的传授应从简单的、入门的、基础的入手，在此之后逐渐积累，由简到繁，循序渐进。

(五)文化传承

体育知识、运动技能的传授都是为体育文化的传承而服务的,从某种意义上讲,体育教学真正的目的在于教会学生正确的体育运动方法,使其能在未来的生活中对其身心产生持续的良好的影响,更在于一种体育文化的传承。

在体育教学中,对体育知识的传承不是简单的“身体的知识”的模仿,更多的是通过体育教学,来向教学对象——学生,传承体育文化,即体育教师通过体育教学内容向学生展现、传授和体育教学内容的相关文化。

传承体育文化是一个长期的、系统的过程,这一过程涉及学生一生的发展,也涉及整个人类社会的发展。

从学生个人的求学过程和人生发展来说,要想真正实现体育教学传承体育文化的功能,就必须使得学生通过不同阶段的体育教学,学习到较为完整的运动知识、运动文化。具体应从以下两个方面着手。一方面,保证单次体育课内容之间教学的连贯。可以把体育课中传习的各种小的运动技术累加起来,学生学到的是某个运动项目的完整技术,继续累加,就学到了各种运动技能。另一方面,保证不同阶段体育教学的可持续发展。体育教学是由每周两至三次的体育课组合而成的一种贯穿全年的教学计划。其中根据不同的教学周期可以分为课程教学、周教学、学期教学以及学年教学。比学年教学周期更长的就是多年教学。小学体育教学、初中体育教学、高中体育教学和高校体育教学,因此,应将这几个不同阶段的体育教学有机统一起来,以促进学生对体育文化的系统、全面掌握和传承,使体育知识和文化丰富学生的整个人生过程。

从整个人类社会的发展来看,现代教育强调以人为本,人们对以人为本的教育教学理念的追求使得人类自我知识的回归不仅代表了体育教学的特殊性,还给予了体育教学知识传承的特殊意义。具体到体育教学中,要求教师在体育教学的开展和实施中重视学生的主体性作用，因为学生才是体育文化的继承者和传承人，正是通过对体育知识、技能、文化的不断传承，才使得体育竞技文化、奥林匹克文化、大众体育文化等得以不断丰富和发展从而促进了人类社会的进步。

（六）美育功能

体育之美表现在多个方面，体育中蕴含着丰富的美，健、力、美同时蕴含于体育运动中，静态的人体造型和动态的运动节律都具有美的特质，都表现出人们对美的向往。体育运动不仅在运动过程中突出了“美”的要素，而且在运动结果上也有淋漓尽致的体现。具体来说，在现代体育教学中，体育教学对学生的美育功能具体表现如下。

（1）体育教学中，通过组织和引导学生积极参与体育活动实践以及科学体育锻炼帮助学生获得美的身材和美的形体。

（2）体育教学活动中会组织体育竞赛，学生通过激烈与公平的比赛而获得的成绩，使学生获得成就感。

（3）体育教学可提高学生审美意识与审美能力。通过系统的体育教学，可以帮助学生树立正确的人体及运动的审美标准，使学生体验积极、健康的审美情感，这不仅表现在对运动者的身体美、技能美的欣赏和判断，还表现在对运动者体育精神美的审视，使学生感受这种体育美，进而提高美学素养、深化对体育美的认知。

第三节 体育教学的目标与原则

一、体育教学的目标

（一）体育教学目标的概念

从本质来看，目标是一种预期。体育教学目标是对体育教学的一种预期。

体育教学目标是依据体育教学目的而提出的预期成果。这个预期成果可分为阶段成果和最终成果，即阶段性目标和体育教学总目标。[①]学校体育目标实际上是一种尚未完成的事项，是一种期望达到的境地，它是对学校体育学习结果的期待和前瞻，在一定程度上激励着教师和学生为实现这个目标而共同努力。

体育教学目标在很大程度上体现了人们对学校体育与健康课程编制、体育教学实施、课外体育活动、课余体育竞赛和课余运动训练开展中的体育价值的理解，体育教学目标是否科学合理直接影响体育教学过程的实施和效果的实现。

（二）体育教学目标的层次

就体育教学目标的概念来看，目标有大小、长远之分，小的、短期的目标在体育教学中相当于教学路上的“站点”，而教学总目标则是体育教学的“最终目的地”，体育教学目标有其自身的层次与内部结构（见图 1-1）。

---

① 毛振明．体育教学论[M].北京：高等教育出版社，2011.

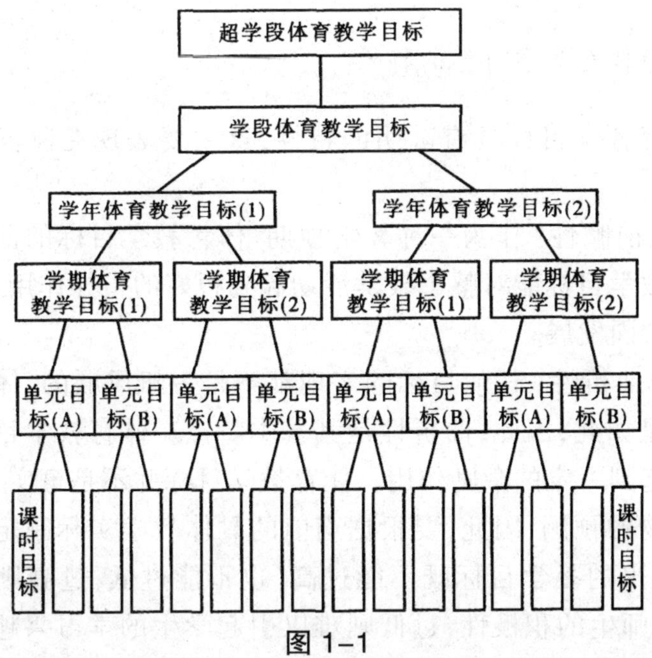

图 1-1

体育教学目标由多个层次的目标构成，大至超学段体育教学目标，小至课时教学目标，如果再细分，还有下位的技术点和知识点教学目标。总之，教师在制定不同教学目标时，一定要充分考虑不同教学目标的上位和下位层次及其功能和特点（表 1-1）。

表 1-1　各层次教学目标解析

目标层次	目标功能	目标搭载文件
超学段的体育教学目标	与其他学科相对比的体育学科的定位目标	国家教学文件、体育教学论著
各学段的体育教学目标	大、中、小学间相对比、相衔接的体育教学策略性目标	各学段教学文件、学校体育教学规划
各学年的体育教学目标	针对学生身心发展状况和需要的体育教学发展性目标	学校和体育教研组的教学计划
各学期的体育教学目标	学年的体育教学目标的分割	体育教研组的教学计划
各单元的体育教学目标	依托各运动项目学习、特性制定出的教学目标	主要是各个担任教师的教学进度
各学时的体育教学目标	根据单元计划的逻辑分割出来的目标	教师的教案

（三）体育教学目标的特性

体育教学目标具有鲜明的特性，这主要表现在以下几个方面。

（1）前瞻性：作为一种教学预期，体育教学目标的前瞻性是指体育教学目标能对整个教学活动起到很好的指导作用，能促进师生的共同发展。

（2）曲折性：任何目标的实现都不是一帆风顺的，体育教学目标也是如此，因此，曲折性是其基本特点。体育教学目标的曲折性能起到一定的激励作用。体育教学目标并不是事实，而是对未来事物的预测，因此，要根据当前的具体教学实际制定教学目标，所提出的教学目标既不能过高，也不能过低，过高则难以完成，打击师生的积极性，过低则难以引起学生的学习兴趣。因此制定的体育教学目标应是需要付出努力，甚至经过非常艰辛的努力才能实现的，需要师生协同配合，共同努力。

（3）方向性：体育教学目标是特定的价值取向的反映，而价值取向具有明确的方向性。体育教学目标总是明确告诉体育教师与学生，他们应走向什么方向，走到哪里等。

（4）终结性：体育教学目标是对一定的学生所要达到的结果的期待，具有一定的终结性。当然，这里所说的终结不是整个体育的终点，而是整个体育过程的互相联系的一个一个的“站点”，所有阶段性教学目标的实现都是为总的教学目标的实现奠定基础的。

（四）体育教学目标的制定

1.体育教学目标的制定依据

（1）体育目标与体育课程标准：学校体育目标是制定体育教学目标的重要依据之一，它是国家和社会对学校体育的基本要求。根据学校体育的发展实际，国家教育部颁发的各级学校体育课程标准制定了各个年级的体育教学目标，从而形成了体育教学目标体系。

（2）全面发展的素质教育要求：体育运动不仅仅是提高学生的运动技能，还要发展学生的综合素质。在培养德育方面，任何体育运动项目活动的组织过程中，无论遇到怎样的困难都要遵循道德规范和准则，努力实现自己的目标。在智育方面，体育运动项目中，很多运动项目都要求运动者具有高速判断、分析、思维、想象的能力，让运动者的智力得到良好的开发。在美育方面，体育本身就是健康美、形体美的代名词，因此要重视学生审美、表现美、创造美的能力的培养。总之，在制定教学目标时要考虑选择合理的教学内容，使学生的德、智、美的综合素质得到全面发展。

（3）体育教学的本质特征与功能：制定体育教学目标，应抓住体育教学的本质特征和功能，突出增强体质、促进身心健康、发展体能的本质特征。

（4）学生身心发展的特点与规律：体育教学针对学生，在设定教学目标时必须站在学生的立场，确保体育教学目标满足学生的身心发展。[①]受教育对象的人体发育规律对教学的影响非常重要。人体发育有几个敏感期，这些敏感期对体育素质的培养有着非常重要的作用，抓住这几个敏感期进行体育教学可以达到事半功倍的效果。体育教学应充分满足大学生的身心发展需求。在高校期间，要制订更加系统、合理、科学的体育教学计划，此阶段的教学最有可能会让学生受益终身。这也是体育教学的根本目标。

（5）学生的体育学习兴趣与需求：体育教学中，要重视学生的主体地位，提高学生参与体育运动的兴趣。要想提高学生的学习兴趣，就要根据学生生理、心理和智力特点，将体育运动的趣味性、目的性、对抗性等相结合，使学生由浅入深、由易到难地逐渐掌握体育运动知识，从而获得参与体育运动的基本能力。而且教

① 张汉辉．体育教学目标问题的分析与探究[J]．教育，2015（3）．

师还要注重学生对体育运动的兴趣,注重培养学生对体育意识的重视。

(6)体育教学的实际条件和可行性:教学条件是实现体育教学目标的重要影响因素,也就是说,较差的教学条件对体育教学目标的实现有一定的制约作用。目前,我国各级各类学校、城镇与乡镇的学校,甚至同一地区的不同学校,教学条件都有很大的差别,发展也不平衡。因此,为了确保制定的体育教学目标切实、可行,在制定体育教学目标时,必须从实际出发,充分考虑体育教学活动的各种实际条件。

2. 制定体育教学目标的要求

(1)层次性:无论是体育认知目标、运动技能目标、增强体能目标,还是情感目标,这些目标本身都有一个从低到高的层次。在各领域目标中,都有从低到高的层次,这个过程也是教学的一般规律。

(2)连续性:教学目标具有多层次性,不同教学目标既相互独立,又具有关联性,总目标是通过若干年级目标、单元目标、课时目标的实现最后实现的,如在不同年级之间、同一年级前后之间、不同单元之间等。因此,制定体育教学目标,无论是年级、单元,还是课与课之间都应注意其相互之间的连续性,争取保证每节课的内容一环套一环,由浅入深、循序渐进地完成好每一个阶段性体育教学目标。

(3)可操作性:教学目标的制定切忌“假大空”,制定的体育教学目标应是具体的、明确的、容易操作的,这有利于教师在体育教学实施过程中有一个明确的方向,有利于对体育教学目标的测量和评价。

3. 制定体育教学目标的程序

(1)了解教学对象:教学目标主要是关于教学对象的发展程度的描述,因此,制定教学目标应先充分了解学生的学习需要,具体包括学生的学习成绩、学习态度等的现状与体育教学目标之间的差距。分析和了解教学对象的能力与条件主要包括学生在体能、运动技能、体育知识等方面已经具备的能力与条件。在对学生的学习需要与能力条件认真分析和进一步了解的基础上，设置出合理有效的体育教学目标。

（2）分析教学内容：确定体育教学目标前，要对高校体育教学内容的特点与功能进行认真分析，这是因为具体的体育教学目标的设定总是与具体的教学内容紧密相连，没有无目标的体育教学内容，也没有无教学内容的教学目标，二者相互影响。

（3）编制教学目标：在“单元”或“课”的教学计划中按照课程的水平目标基础上分别陈述。

二、体育教学的原则

（一）全面发展原则

全面发展原则是体育教学的基本要求和基本原则之一，我国新的《体育（与健康）课程标准》指出，现代体育教学应促进学生完成运动参与，促进学生的身体健康、心理健康，并提高社会适应能力。简言之，体育教学应促进学生的全面协调发展。

在体育教学实践中，贯彻体育教学全面发展原则应做到以下几点。

（1）体育教师应认真学习和领会体育教学大纲（或课程标准）精神，全面贯彻教学大纲（或课程标准）的目标和要求。

（2）体育教师应树立现代体育教学价值观念。用现代体育教学价值观去评价和衡量现代体育教学质量。现代体育教学除了具有一定的生物学价值，还具有心理学、教育学、社会学及美学的价值。

（3）体育教师教学工作计划的制订和教案的编写，应在课堂中给予学生足够的身体练习时间，并在教学中重视学生的心理发展。

（4）在体育教学的准备、实施、复习、评价等阶段中，教学内容、教学方法、教学设计、教学评价等都应围绕促进学生全面发展展开。

（二）循序渐进原则

循序渐进是体育教学的基本原则，最早由夸美纽斯在《大教学论》中提出。[①]在体育教学过程中，必须遵循由简到繁、由易到难、由已知到未知、逐步深化的循序渐进的原则，只有循序渐进，才能让学生扎实地掌握体育方面的知识、技术和技能。

在体育教学实践中，科学遵循循序渐进原则应做好以下几点。

（1）制定好教学文件、安排好教学内容。在保证教学文件和教学内容都安排妥当的情况下，才能执行教学工作。因此在进行教学工作之前一定要制订系统科学的教学计划方案。具体来说，教师对每个运动项目、每次课、每学期的内容和教法的选用，都应前后衔接，逐步提高。既要考虑该运动项目由易到难、由简到繁的顺序；又要考虑与其他运动项目之间的关系，充分保证前一个项目的学习为后一个项目的学习奠定基础。

（2）有序提高运动负荷。体育教学以身体练习为主，具体的运动负荷提高要循序渐进，以采取波浪式、有节奏地逐步提高为佳，因为机体需要一定时间的适应，课程交替有节奏的安排。合理地利用超量恢复是生理负荷提高的有效措施。

（三）巩固提高原则

学习应“温故而知新”，根据遗忘规律和运动条件反射建立与消退的理论，学生学到的知识与技能在一段时间内，如不经常复习就会遗忘或消退。学习过程的“用进废退”原理支持，对所学习的运动技能进行反复练习有助于体能、技能和运动能力发展。因此，要注意巩固提高所学到的知识和运动技能。体育教学多为

① 蒋新国．体育教学原则新论［M］．广州：暨南大学出版社，2010．

身体的练习，如果这种练习不能得到巩固，就会随着时间的延长而消退，可见，巩固提高是十分必要的。

在体育教学中，科学落实巩固提高原则应做好以下工作。

（1）体育教师应重视良好体育教学方法和训练方法的选择。利用讲解、示范、练习、提问、评价等方式，保证师生间及时传递信息。根据信息有效性的原则，信息传递得越及时，损耗越小；信息的准确度越高，所产生的教学效果越好。也可以通过提问、考查、竞赛等方式，巩固提高体育知识、技术和技能。

（2）体育教师应合理安排训练计划。让学生进行反复强化的练习，增加练习的密度，不断巩固运动条件反射，使其获得进一步的巩固和提高。制订合理的训练计划是让机体在巩固提高的过程中避免出现过度疲劳，损伤机体。

（3）在保证科学负荷的基础上重视增加运动密度和动作重复的次数，反复强化，不断巩固学生运动条件反射，提高技术水平、身体素质和体育能力。

（4）体育教师要给学生布置适量的课外体育作业或家庭体育作业，将课内课外结合起来，达到巩固提高的目的。

（5）不断提出新的学习目标，使学生在前一教学目标实现的基础上，为进一步完成新的学习目标努力练习。

（四）科学负荷原则

体育教学离不开身体练习，身体练习必然要伴随一定的运动负荷，科学运动负荷对体育教学效果具有重要的影响作用，体育教师对教学中学生运动负荷的科学控制应做到以下几点。

（1）运动负荷的安排要服从体育教学目标。体育教学的目标是培养学生健康体魄和健康的心理素质。因此，体育教学不是为了增加运动负荷而进行大运动量训练，竞技体育中单纯为了金牌而无限制地加大运动负荷的方法不适于普通学生的体育教学。

（2）运动负荷的安排要适应学生的身体需求。教师要合理地对运动负荷做出安排，就必须了解不同性别学生的生理差异、学生在不同生长发育阶段的特点等，运动负荷安排要无伤害性，同时有利于促进学生身体发展。

（3）运动负荷的安排要充分考虑学生之间共性与个性关系，教师既要充分考虑在相同年龄段有相对趋同性的学生的整体情况；同时，要在整体趋同性的基础上，关注一些个人特殊情况，如对伤病学生的运动负荷安排应酌情减少。

（4）重视合理休息。运动负荷的安排与休息方式、休息时间有关。科学合理地安排休息方式、休息时间和心理负荷，对于顺利达到理想的体育教学效果有着重要作用。

（五）因材施教原则

体育教学活动应围绕教学对象合理展开，不同学生之间具有共性与特性。共性体现在身体年龄阶段发育的稳定性和普遍性；特性则是每位学生的性别、遗传、生长环境、教育水平、认识能力、身心发展等各方面存在差异，而具体到学生具备的体育运动能力的话，这种差异性就可能更加明显，如在热爱运动的家庭中成长起来的学生，其受父母影响，从小就喜欢参与体育运动或参加业余体育训练，他们的运动水平会比同龄人的平均水平高一些。因此，体育教学中应重视不同学生及同一学生在不同学习阶段的差异，因材施教。

在体育教学实践中，贯彻因材施教原则要求教师做到以下几点。

（1）深入细致地研究和了解学生之间的差异。具体来说，教师可以在学期前进行一些测试或座谈交流，弄清不同学生在身体条件、兴趣爱好和运动技能等方面的差异。此外，教师应认识到学生个体差异的变化和发展规律，如有些学生在一开始的测评中被认为没有很好的运动天赋，但是其本人非常热爱体育运动，在平时的课堂上也非常积极地配合教师完成各种教学内容，慢慢地就会有突飞猛进的进步，对此，教师要有长远的眼光，重视学生的长期发展与提高。

（2）引导学生正确对待与同伴之间的差异。差异的存在，如果利用得当，还是一个教育鼓励学生之间互相帮助，培养团队意识和集体精神的好方法。学生之间的运动天赋和对体育的了解各有不同，要在体育教学中贯彻个体差异性的原则，教师应在充分了解学生个体差异性存在的基础上，向学生讲解个体差异的存在，并引导学生正确看待差异。差异的存在是客观的，然而这却不能成为歧视天赋较差的学生的理由，同时教师也不能过分偏爱天赋较好的学生。

（3）针对不同学生选择相应的教学方法。在体育教学中，有些项目是不能根据“等质分组”来处理区别针对性教学的问题。因此，教师面对这种情况就要运用其他方法来对待个体差异性，如安排“绕竿跑”“定点投篮”等教学方法，以便使那些在某些项目中没有任何特长的学生依旧对体育产生兴趣，而不是成为体育课堂的“局外人”。体育教师应让每一个学生都能参与到体育教学活动中来，体验运动的快乐，在此基础上获得提高。

（4）重视个体差异性与统一要求的有机结合。每一个阶段的学生都有其应达到的教学目标要求，这是经过诸多专家和学者研究而确定下来的，不能因为某一个学生的特殊性而不要求其达到该标准。学生的个体差异是客观存在的，教师应在教学中充分重视这一点，但是体育教师也要立足于整个班级的教学，对学生统一要求，以促进学生完成教学任务，达成体育教学目标。学生的差异性应是在统一教学目标实现的基础上，不同学生有不同的更进一步的发展。

（六）专项教学原则

体育教学内容丰富，种类多样，不同内容的体育教学对学生的要求是不同的，因此，教师应结合体育教学项目的特点和规律突出不同教学项目的专项性。

专项教学原则符合从实际出发的基本规律，具体要求如下。

（1）体育教师应通过科学准确的讲解，让学生明白所学的体育运动项目及本次课教学内容与其他体育运动项目的不同之处。

（2）体育教师应重视学生专门性知觉的优先发展。体育运动通常是在具体的运动环境中进行的，以篮球为例，篮球运动围绕篮球、篮球场地以及场地上的器材进行，运动过程中，学生对环境和器材的感知是专门性知觉发展的过程，其中手指、手腕对球的控制能力对篮球教学至关重要，因此，教师应重视学生对球控制能力的优先发展。

（3）体育教师对教学方法和活动设计要符合专项运动对学生的素质要求。

（七）终身体育原则

通过体育教学长久地影响学生一生对运动健身重要性的理解，并身体力行地参与其中是体育教学的最终目的。

在体育教学中遵循终身体育原则，具体应做好以下工作。

（1）培养学生的终身体育意识。教学中教师要善于发现学生的体育爱好与技术特长，并加以引导培养，并以此来激发学生对体育学习的兴趣，使其树立终身体育意识，养成体育锻炼的习惯。

（2）重视教学任务与学生长期发展的统一。体育教师不仅要重视体育教材或某项运动技能的教学成果，还要考虑学生的长期发展，这与体育教育总体目标的要求是一致的。不要急于某一阶段的具体教学任务的实现而强加给学生不合理的运动负荷，否则会影响学生的身心健康，也不利于其保持对体育的持久参与。

（八）活动安全原则

体育教学不同于其他学术学科教学，体育运动的美或多或少都建立在一些冒险中，这也是体育的本质属性和魅力之一。但是，在体育教学中，尽管这种安全隐患不能完全避免，但应尽量减少和避免意外伤害事故的发生，具体应做到以下几点。

（1）加强对学生进行安全意识教育。

（2）对各种隐患考虑周密并制定相应预案。

第四节　体育教学过程中的主体

学生是体育教学过程中的主体，以普通高校体育教学为例，对高校体育教学对象——大学生具体分析如下。

一、大学生身心发展特点

（一）大学生身体发展特点

1. 身体形态特征

大学生的年龄一般为18~25岁，在这一时期，人体各器官组织的生长发育都已基本完成，各方面的身体素质也处于较高的水平。性别方面，由于性别不同而使男女大学生之间的身体形态发育很不平衡，男女之间的身体形态具有很大差异，性别特征差异明显。

2. 身体机能特征

身体机能的发展包括神经系统的发育、骨骼肌肉系统的发育、呼吸系统的发育、心血管系统的发育等。

（1）神经系统发育特征：大学生的抽象思维能力、分析综合能力已经非常完善，大脑结构和技能达到成人水平。

（2）骨骼肌肉系统发育特征：大学生在度过青春期后，骨组织内无机盐增多，水分和有机物减少，骨密质增多，骨骼变得粗硬；肌肉长度和横断面积增加，肌力增强，对力量和耐力性的素质练习承受能力也有所增强。

（3）心肺发育特征：和青少年相比，大学生的肺活量、肺容积增大，呼吸肌增强，呼吸频率减慢加深，呼吸调节能力增强。随着年龄的增长，至大学阶段，心收缩力增强，心率减慢，基本达到成人水平。

3. 身体体能特征

大学生的身体体能的发展与身体形态和机能的发展趋于一致，表现出较为明显的波浪性和阶段性，形态、机能发育基本稳定，身体体能达到高峰。此外，大学生的身体体能的发展表现出一定的差异性，如男女大学生体能的发育速度不同，不同大学生各项体能素质的发展速度不同。

（二）大学生心理发展特点

大学生的抽象思维能力较青少年时期有了较大的提高，辩证思维开始形成，思维的独立性和批判性也更加鲜明。在学习方面，越来越重视学习的效果和教师的评价，以及与社会意义和自身的发展联系起来，学习兴趣也开始分化和带有选择性、稳定性，学习的有意性和自觉性有了提高，独立学习的能力也逐步发展。

大学生的道德感、理智感达到较高水平；他们的意志品质也得到迅速发展，独立性和坚持性都有所增强，果断自控能力也随之增强，但仍具有草率性和冲动性。

二、大学生全面发展的体育教学要求

（一）大学生身体健康发展的体育教学要求

结合大学生身体发展的特点，在普通高校体育教学中，要想促进学生的身体健康发展，应做到以下几点。

（1）体育教师在进行高校体育教学时，要根据不同大学生不同年龄阶段的特点进行科学安排和实施体育教学。

（2）体育教师在体育教学中，要不失时机地抓住大学生不同年级（不同年龄阶段）的特点，发展他们的身体素质，尤其要重视并善于把握大学生身体发展的敏感时期，采取有效有段，合理组织教育与锻炼，争取取得最佳体育教学效果。

（3）体育教师在安排体育活动内容时，还要注意根据大学生生长发育的规律和身体发展特点。具体来说，要结合不同年龄阶段的大学生的特点合理安排运动负荷，在安排大负荷、高强度的运动训练时要特别注意运动损伤的预防和科学处理。

（二）大学生心理健康发展的体育教学要求

大学生的心理健康发展，需要教师在体育教学过程中营造一个良好的心理建设氛围，并科学控制教学过程，引导学生情感体验的丰富和心理健康发展，具体应注意以下几点。

（1）体育教师要建立一个进行体育活动的良好氛围，建立和谐友好的师生关系。提高大学生参与体育锻炼的兴趣，激励大学生参加体育锻炼。

（2）体育教师在学校体育教学过程中，不应该只注意到大学生性别、年龄上的差异，还要注意到大学生个体之间的差异，尊重个性差异的存在，鼓励大学生发挥各自不同的特长和技术风格，鼓励学生张扬个性。

（3）体育教师要把心理发展渗透到学校各项体育活动中去，在高校体育中有意识、有目的地对大学生心理施加影响，在潜移默化中促进大学生心理的健康发展，满足大学生心理发展需要。

（三）大学生社会能力发展的体育教学要求

在高校体育教学中，通过组织和开展教学活动，加强大学生的社会适应能力，具体应做好以下几方面的工作。

（1）选择适当的体育活动项目，积极引导大学生在体育活动中扮演和体验不同的社会角色，丰富社会角色体验。

（2）广泛开展高校体育竞赛，让每一个大学生都能在融洽的环境中交往、合作，共同努力完成体育活动，使大学生在生动、激烈的比赛对抗中培养团结合作精神、竞争意识等。

（3）重视体育教学内容和运动负荷的科学设计与安排，锻炼大学生克服困难的精神和意志，提高大学生的社会适应能力。

（4）营造一个愉快、宽松、民主的体育运动氛围，重视大学生体育运动竞赛规则的遵守，建立大学生的社会民主和发展意识，规范学生的社会行为。

第二章　普通高校体育教学的发展与改革

高校是进行人才培养的重要基地，高校体育教学的开展状况对于人才的素质培养以及体育的教学发展具有非常重要的意义，研究普通高校的体育教学发展状况并进行相应的改革具有非常重要的现实意义。本章将分别对体育教学的产生与发展、当前我国高校体育教学的发展现状与存在问题、我国高校体育教学改革、高校体育教学的发展与创新，以及我国高校体育教学发展的趋势与对策进行阐述。

第一节　体育教学的产生与发展

一、我国古代体育教学的形成与发展

我国古代最早的学校产生于奴隶社会时期。夏朝的学校被称为“校”“序”“庠”等，商朝又出现了“大学”和“庠”两级施教的学校教育，其学校教育内容主要是军事和宗教，里面已经包含有学校体育教学的萌芽。发展到西周时期，学校又有了进一步发展，分为“国学”与“乡学”两种，教育内容以礼、乐、射、御、书、数六艺为主，用来培养奴隶主贵族子弟。在六艺之中，“射”是指射箭的技术，“御”指的是驾驭马车的技术，这都属于军事技能的训练，但也具有体育的性质；“乐”指的是音乐、诗歌、舞蹈等，而舞蹈也包含体育的意义。这些便是我国古代学校体育教育的雏形。

到了东周时期，我国社会由奴隶制向封建制社会转变，由原来的“学在官府”向“学在四夷”转变，私人讲学、办学之风兴起。同时，学校的体育教学也发生了很大改变，由奴隶制的“为政尚武”向新兴地主阶级的文武兼学、文武分途转化。当时的教育家孔子从文武兼备的教育思想出发，明确提出了“有文章者必有武备”的主张，进一步深化了学校体育教育。

秦汉时期，我国古代的封建社会制度已经形成，同时确立了儒家思想的正统地位，学校教育以“六经”为主，重文轻武，偏重德育、智育，几乎完全排除了学校体育教育的内容。魏晋南北朝时期，“玄学”“清谈”之风盛行，重文轻武的教育思想进一步发展，学校体育教学日趋衰败。但是，由于北朝各代被少数民族所统治，他们非常重视军事训练与身体的锻炼，所以，一些北朝政权会在学校中设有军事技能训练。

到了唐朝，封建统治者开始注重武备，同时创设了武举制度来培养和选拔军事人才，这就很好地激发了社会上的习武之风，有效地促进了学校体育教学的复兴。而文举和武举分开的科举制度，也使得文武教育开始分途。宋明以来，理学逐渐在社会上盛行，重文轻武的问题，严重影响了学校体育教学的进一步发展。但是出于政治和军事的需要，其军事教育和军事训练都有了新发展，比如，宋朝开始兴办武学；明朝恢复了“六艺”的教育内容，增设了习武场地设备，实行“儒生习武”等。在清朝初期时，统治者十分注重武学的重要性，实行文武并重、文武合一的教育制度。但是到了清朝后期，政治腐败，军备废弛，这种文武并重的教育制度也逐渐松弛了。

总体来讲，我国的学校体育教学虽然起步较早，但是由于受到重文轻武思想的影响，学校体育教学并没有得到应有的重视，也基本上没有正规的体育教育，其大多时候都是与军事技能训练联系在一起。直到清朝末年，学习日本和欧美各国开办近代新式学校，中国才开始有了西方式的学校体育教育活动。

二、我国近代体育教学的形成与发展

我国近代以第一次鸦片战争为开端，面临着帝国主义列强的不断入侵，社会各阶层的有识之士开始寻找新的救国方略。在这种背景下，统治阶层中一些比较开明的官员发起了"师夷长技以制夷"的洋务运动。在教育方面，他们主张学习西方，兴办西学，开始创办西方式的新式学堂，并把西方体育引入这些学堂之中。体操被规定为学堂的学习课程，内容主要是瑞典式、德国式、日本式的普通体操、兵式体操和游戏等，并在学校中开展了以西方近代体育为主的各种课外体育活动，从而使中国近代学校教育首次出现了体育课程和体育活动，这对西方近代体育在我国的传播和我国近代学校体育教学的兴起起到了不可忽视的作用。

随着甲午战败，洋务运动也宣告破产，资产阶级改良派的代表人物康有为、梁启超等人领导了维新变法运动。虽然维新运动很快就失败了，但是它倡导的学校教育方面的内容，诸如兴办新式学堂，强调体育在学校教育中的地位和作用等，都对近代中国学校体育教学的发展产生了较为深远的影响。

19 世纪后半叶，以英美为主的各教派在我国创办了不少教会学校以及基督教育学会。这些教会学校通过开展课外体育活动将一些西方近代体育项目传播开来；而基督教育学会的主要工作任务之一就是开展体育运动，他们派出体育专业人员，积极宣传和介绍西方近代体育，并组织各种体育比赛和训练。这些也在客观上促进了我国近代学校体育教学的发展。

1902 年，清政府颁布了《钦定学堂章程》，但是却没有付诸实施。1903 年，清政府又颁布了《奏定学堂章程》，这是我国近代史上第一个由政府颁布实施的较为完整的教育制度，它对学校体育教学做出了明确规定，具体规定是各级各类学堂中都设立体操科，其主要内容是德、日的普通体操和兵式体操；小学堂每周 3 学时，中学堂每周 2 学时，高等学堂每周 3 学时。这一新学制使近代学校体育教学得到普遍实施，这也使我国告别了2000多年来学校教育中基本没有体育的历史。

辛亥革命之后，学校体育教学中逐渐形成了一种“双规现象”，即一方面学校在课内沿袭清末以来国民主义的以兵操为主的体操课，另一方面许多学校在课外开展以球类和田径为主的西方式的活动和竞赛，课内和课外形成了两种明显不同的体系。

五四时期，我国近代学校体育教学进入了一个新的发展时期。许多人都以进步的体育思想发表文章对“国民主义”体育、“国粹体育”进行了批判，对我国体育以及学校体育的现状做了深刻的分析和尖锐的批评，强调了学校体育教学的重要性，如毛泽东的《体育之研究》、恽代英的《学校体育之研究》等。1922年，《壬戌学制》以实用主义教育思想为原则，参照美国“六三三制”形式并结合我国当时的实际制定出来，它的出台标志着国民主义教育在我国的没落。1923年，北洋政府颁布《课程纲要草案》，正式将“体操科”改为“体育科”，废除了原来的兵式体操，改为以球类、田径、游泳、普通体操等近代体育项目为主的教学内容，并纳入了生理卫生和保健知识。这是我国近代学校体育教学的一个重要改革。

随着我国近代学校体育教学的重大改革，对体育师资的培养也逐步重视起来。当时的“南京高等师范学校体育科”和“北京高等师范学校体育科”在培育体育师资方面做出了比较大的贡献。与此同时，女子体育也有了很大发展，对体育教学规律和方法的探索和研究也受到一定程度的重视。

为了加强学校体育教学的管理，民国时期，政府成立了学校体育的领导机构，同时还颁布了一些有关学校体育教学的规章。例如，1931年教育部公布了《初级中学体育课程标准》《高级中学普通科体育课程标准》；1932年公布了《小学体育课程标准》；1936年公布了《暂行大学体育课程纲要》，随后又制定了中小学《体育教授纲目》；1940年公布了《各级学校体育实施方案》，规定各级学校体育课均为必修课，这是我国近代史上第一个比较全面的学校体育实施方案。与此同时，教育部还组织体育专家编辑出版了《体育教授细目》，以后又陆续编写了各种体育教材和教学参考书等，这些都对我国近代学校体育教学的发展起到了积极作用。但是也要看到，由于当时学校体育教学并不受重视，加上学校体育师资、经费严重缺乏，运动场地器材设备简陋，上述有关发展学校体育教学的种种举措并没有得到很好的贯彻落实，学校体育教学仍处于比较落后的水平。

三、中华人民共和国成立以来体育教学的形成与发展

在 1949 年中华人民共和国成立之后，我国的学校体育教学也经历了一个曲折发展的过程。具体来讲，这一历史阶段的发展历程大致可分为以下四个阶段。

（一）初创阶段（1949—1957 年）

中华人民共和国成立伊始，党和政府就非常重视学校体育教学工作。1951 年，全国学生第 15 届代表大会的决议中提出："要积极开展学校中的体育和文化娱乐活动，努力改进全国同学的健康状况，要使每一个同学具有强劲的体魄，能够胜任紧张的学习和繁重的工作。为了适应祖国国防建设的需要，应该注意提倡军事体育活动。"一系列指示和决定对提高学校体育的地位，纠正轻视学校体育教学、忽视学生健康的状况起到了重要作用。

在此后的一段发展时间里，我国通过并出台了一系列政策法规与措施，初步建立了学校体育的目标体系，基本形成了学校体育管理体制和实施措施。例如，1951 年，政务院公布了《关于改善各级学校健康状况的决定》强调学校体育教学和卫生工作的重要性。同年，教育部把体育课列为学校中的必修课；1952 年，教育部设立了体育指导处，各省、市、自治区教育行政部门成立了体育机构，学校体育教学管理体制基本形成。与此同时，教育部和国家体委联合发布了《学校体育工作暂行规定》，明确提出了我国

学校体育教育的基本目标；1953年，教育部发出《关于中学体育成绩暂时考查办法的通知》，将体育课正式列为一门考核学科，同年，教育部又组织翻译了苏联十一年制体育教育大纲，向全国体育教师进行介绍；1956年，全国开始统一实行体育教学大纲和教材；1957年又出版了中小学体育教学参考书，从而使体育教学工作有了进一步的规范。

为了更好地推动我国群众体育的发展，我国在参照苏联模式的基础上，还结合了我国的实际情况，于1951年实施了《体育锻炼标准》。1954年，国家体委制定了《准备劳动与卫国》体育制度暂行条例，要求初中毕业生和高中毕业生分别达到少年级标准和一级标准。此后，又于1956年修订发布了《劳动和卫国》体育制度条例。该制度的实施对于我国学校体育教学的发展起到了很大的推动作用。

由于在中华人民共和国成立初期我国的体育师资较为不足，政府于1952年创办华东体育学院，这是我国历史上第一所体育学院。此后，全国各地先后办起6所体育学院，创办了11所体育学校和中等体育专科，并在38所高等师范院校设立了体育系科，同时加强了对在职教师的进修，这些为培养体育教师骨干和发展学校体育教育打下良好的基础。

（二）曲折发展阶段（1958—1976年）

在1958—1976年，学校的正常教学秩序被打乱。在实际的体育教育工作中，出现了盲目追求指标、脱离实际、以劳动代替体育的错误做法，违背了学校教育和学校体育的规律。在此之后，三年困难时期使学校体育工作无法正常开展，学校体育课与课外活动也被迫减少或者停止，学生的体质也普遍下降。

面对这种情况，党中央提出“调整、巩固、充实、提高”的方针。在这一方针的指导下，学校体育工作及时总结正反两方面的经验，采取措施，学校教育秩序恢复和发展，使学校教育和学校体育教育又重新步入了正轨。与此同时，学校体育在指导思想、体育课程建设、各项体育工作的措施以及师资队伍建设方面，都有了新的发展。1961 年时对 1956 年的体育教学大纲进行修订，明确提出学校体育教育应该从增强学生体质出发的指导思想，还根据各地不同的教学状况，把教材分为基本教材和选用教材；随着国民经济的全面好转，学校体育开始逐步恢复，政府鼓励有条件的学校试行《青少年体育锻炼标准》，课外体育活动有了比较广泛的开展；随后，运动训练恢复正常，运动竞赛十分活跃，运动技术也得到相应的提高，学生体质有所增强；与此同时，为加强体育师资建设又成立了 4 所体育院校，为各级学校培育体育教学骨干。

总之，在这一时期，学校体育在曲折中发展，学校体育教学体系基本建立，这就为体育教学的进一步发展奠定了坚实的基础。

（三）新时期的发展阶段（1977 年至今）

在正确的方针政策的指引下，我国的学校体育教学工作逐渐恢复，同时迈入了一个新的发展阶段。这一时期，学校体育教学的发展主要体现在以下几个方面。

1. 体育教学改革加快，并步入科学发展阶段

国家在这一时期加强了有关体育的各项法规制度的建设，从而使各级各类学校内部的管理体系更加健全，有效保证了学校体育教学向着规范化、制度化、科学化的方向发展。在此基础上，学校体育体制与课程也实现了不断地深化与改革。例如，1975 年，教育部和国家体委联合下发了《高等学校体育工作暂行规定》和《中小学体育工作暂行规定》，对学校体育工作的基本任务和具体内容做出了明确规定；1978 年，教育部颁发了新的中小学体育教学大纲和教材；1987 年，又在原大纲的基础上修订并颁布了《全日制中、小学体育教学大纲》，深化了体育课教学的改革；1988 年，《国家体育锻炼标准》经过多次修订后颁布，使之更加科学、实用。1990 年，经国务院批准颁布了《学校体育工作条例》，从而使我国体育工作开始真正进入法制化轨道；1992 年在部分省市

试行了初中毕业生升学体育考试,并在1998年全国试行。2002年,教育部和国家体育总局联合颁布了《学生体质健康标准》,进一步落实了增强学生体质的目标。这些法规和措施的颁布和执行,对我国新时期学校体育教学的发展和改革具有深远的意义。

2. 体育教学的科学研究得到重视

为了加强学校体育的科学研究与指导,我国相继成立了中国教育学会体育研究会、中国高等教育学会体育研究会、中国体育科学学会体育研究会等十余个学校体育研究机构,同时创办了《中国学校体育》《体育学刊》等杂志期刊,出版了一批专著和教材,还多次召开全国性的不同层次学校体育学术报告会和研讨会,并广泛开展学校体育的国际交流。学校体育的科学研究从多层次、多角度推动了我国学校体育教学的改革与发展。

3. 师资力量培训加强,场地设施逐步完善

这一时期,国家还非常注重对体育师资队伍的建设以及学校体育场馆器材设备的建设。在体育师资队伍的培养方面,为了解决师资队伍的不足和质量不高的问题,国家采取了很多有效的措施,如在有条件的师范院校和综合性大学开设体育系,扩大体育系的招生名额,增加对体育教师的培养;举办不同类型和层次的函授班、进修班,提高现有体育教师的教学质量;尤其是培养一批高学历、高质量的体育师资队伍,来加强学校体育的研究和教学等。

在学校体育场馆器材设备的建设方面,目前在很多经济发达地区的学校已经有了标准的体育场,同时还添置了大量的体育器材;而现在国家所要做的就是努力改善欠发达地区的体育场馆与器材设备。

总之,我国当前的体育教学经过一系列的改革,已经基本形成了特有的体系,但是还存在着地区之间发展不平衡的问题,这就需要对体育教学进行进一步的改革,从而实现新的发展。

第二节　当前我国高校体育教学的发展现状与存在问题分析

一、当前我国高校体育教学的发展现状

具体来讲，当前我国高校体育教学的发展现状主要表现为以下几个方面。

（1）“育人”是我国高校体育教育教学的总体目标，但是由于缺乏具体的教学内容，缺少对广大高校学生全面素质培养的方法和手段，在高校体育教学实践中仍然表现为重视增强大学生体质。

（2）我国高校体育教育教学的具体目标还不够明确，这具体表现在：一方面，过分重视大学生对某项运动技能的掌握，忽视了大学生的运动创造性和运动个性的发展；另一方面，缺乏对不同专业的大学生是否开设不同的体育课程的考虑。

（3）我国高校体育非常注重“三基”的教学，这就在一定程度上忽视了大学生体育能力的培养，高校体育教学思想、教学体系、教学方法等都缺乏对大学生体育能力的重视。

（4）我国当前的高校体育课程比较强调竞技体育项目的教学，课程设置不符合促进大学生终身体育观念的形成，也不符合全面推行高校学分制的要求。

（5）我国高校当前的体育配套设施还不够健全，特别是体育电化教学的普及度不高，对雨雪天的体育教学缺乏有效对策。

（6）我国高校体育教师队伍素质还有待提高。目前，我国高校当中的体育教师大多属于技术型与训练型的教师，一专而不多能，他们的学历层次、知识结构层次、科研能力等与其他学科的教师相比还存在较大差距，不利于自身及高校体育教育教学的进一步发展。

二、当前我国高校体育教学发展存在问题分析

目前,在我国高校的体育教学发展过程中还存在很多问题与不足之处,这些都会对我国高校大学生素质的培养以及教学水平的提高造成消极影响。下面就对当前我国高校体育教学发展中所存在的问题进行具体分析。

(1)教学观念较为落后。目前,学校体育教学的观念相对于体育事业的发展而言仍然比较落后,也没有将终身体育教育等意识落到实处,具体表现在:以教师为中心的教学模式仍在体育教学中存在,导致学生一直处于被动的学习状态。在体育知识的传授过程中,常常是通过教师的讲解和示范,教学模式僵化,忽视学生的可持续发展。

(2)教学目标不准确。当前我国高校中的体育教学往往过于强调竞技体育项目的开展,这就导致了课程设置不符合促进学生终身体育观念的形成及全面推行学校学分制的要求。在学校体育教学的实际过程中,教师往往以掌握某项运动技术为目标,大大降低了教学的要求和标准,从而影响了体育教学的质量。

(3)教学内容与方法单一。从目前学校体育的教学内容来看,竞技项目在高校体育教学中所占的地位很重,这就明显妨碍了学校体育完成任务和达到目的。过分强调体育运动的竞技化必然会忽略对学生身体素质发展的重视,从而不可避免地陷入程式化训练的误区当中,这与增强体质的目的背道而驰。我国体育教学中长期以来一直遵循的是讲解、示范、练习、预防与纠正错误、巩固与提高的教学方法,这种落后的、单一的教学手段和方法,使学生始终在学习中无法掌握主动权,从而不利于学生体育学习积极性的提高。

(4)教学评价舍本逐末。教学评价是对教学效果的检测,在实际的体育教学当中,体育教学评价由于设计的考核标准过于重视体育成绩走向了简单的一刀切的误区,不能根据学生的具体情况来进行详细的分析评价,从而对学生的良性发展产生了诸多不利。

(5)教师的专业水平普遍不高。目前,我国学校体育教师都是在传统运动技术的教学模式中培养起来的，就其本身特点而言，都是属于技术型、训练型的，但是其所掌握的知识都非常陈旧，大部分所具备的科研能力也比较弱，工作表现出很大的随意性，教学过程中的创新意识更是无从谈起，这些凸显了体育教师整体上专业水平的不足问题。

第三节　我国高校体育教学改革的探讨

有效教学与正当教学是现代体育教学改革创新的研究成果之一，体育的有效教学与正当教学已经成为近些年来体育教学中非常受关注的问题。本节就体育有效教学、体育正当教学的一些概念与理论进行阐述。

一、体育有效教学

（一）体育有效教学的概念

有效教学在现代体育课堂教学中应该体现出“以学生为中心”理念下的教与学的统一。相反，如果割裂教与学来对有效教学进行讨论是不恰当、不准确的。因此，应该从体育教师教学行为的实施与学生的运动行为的改变两个方面来对体育有效教学的概念进行界定。

体育有效教学是指在体育教学过程中，在体育教师的教学策略、教学管理与组织、教学方法与手段的实施和学生对运动技术的学习与练习两个方面都达到良好的教学效果的教学。

（二）体育有效教学的策略

1. 提高“学情分析”的有效性

在体育课堂教学中,“学情分析”是设计课堂教学所必不可少的重要内容。

从学习原理的角度来看,学情主要包括以下几个方面的因素:不同年龄的学生所具有的心理特点;不同年龄学生的身体素质差异和生理特点;学生学前的运动技术基础;班级课堂教学的氛围;不同性别的学生在体育活动兴趣方面的差异等。

2. 提高“教材分析”的有效性

在体育课堂教学中,教师有效地对所用的体育教材进行分析是非常必要而且重要的。但在实际的操作过程中,很多体育教师在编写教案时往往会忽视这一重要的环节。通过与体育教学过程相结合,对教材进行分析时主要考虑两方面的因素:单元教材分析,即对上课所用的教材进行一个整体的分析;分析教材在本课教学中的课次与重难点。

3. 提高体育教学目标设置的有效性

在现代体育课程教学四大目标(认知目标、技能目标、体能目标、情感目标)中,运动技能目标是最为重要,最能体现体育教学学科特点的目标,而认知目标、体能目标、情感目标、参与目标、心理健康目标、社会适应目标等其他目标都是围绕运动技能目标来展开的。

通过对体育教学目标的整个体系进行分析,体育教学目标有着较大的复杂性,也就是说,在制定体育教学目标时,需要对该目标其他各个层面的目标进行考虑。体育教学目标应该将体育教材的性质和课的类型作为逻辑的起点。

4. 提高体育教学方法配备的有效性

从教学理论的层面来看,教学活动是教师和学生的共同活动,如在体育课堂教学过程中,首先,体育教师要进行讲解和示范。其次,学生进行徒手模仿练习和初步练习,然后教师根据学生的练习情况进行直观的演示。再次，经过直观演示后，再让学生进行练习。最后，学生对正误动作进行集中观看、对比；体育教师继续更进一步的示范等，以上这些教学过程都贯穿于教师和学生的各种活动之中。

在设计体育教学时，不可能也没必要将所有的教学方法都罗列到体育课堂教学中。这就要求体育教师根据所要教授的教学内容特点、自身的特长、学生的实际情况、教学用具等来选择相适应的教学方法，并将这些教学方法穿插在体育课堂教学中，并根据不同的教学进程来实施这些教学方法。

5. 提高体育教学手段使用的有效性

从教学理论层面来分析，“手段”是一种可以看见的物质性的标志，而“方法”是在使用手段以后的操作程序，可见“手段”要在“方法”之前。

由于体育课堂教学的重点是运动技术教学，体育教学手段只是完成了运动技术教学目标在物质方面的要求，但由于不同的运动技术在难度方面存在着很大的不同，这就使得教学手段有着不同程度的复杂性。体育教师必须对运动项目技术的细节进行挖掘，对运动技术的重点和难点进行充分了解，进而构思和设计出一些特殊的教学手段，这样才能更好地完成有着较大难度的运动技术教学目标。

6. 提高场地器材布置的有效性

在体育教学的过程中，对于场地器材的布置是一个极易被忽视的环节。场地器材的布置虽然不会对体育有效教学产生重要的影响，但在体育有效教学实施的过程中，它是一个非常重要的因素。场地器材的布置过程，就和现代的时尚装修一样，通过将线条、颜色、各种材料等进行合理运用，使学生的学习场所焕然一新，从而达到使学生产生学习兴趣，提高学生注意力的目的。

二、体育正当教学

（一）体育正当教学的内涵

体育正当教学指的是在体育教学中，体育教师的教学行为和实践应与人类的基本道德相符合的一种属性。从体育正当教学的内容来看，其内涵主要包括以下几个方面。

（1）应该在符合法律要求的前提下进行正当的、有效的体育教学，合法性是进行体育有效教学的最低要求，否则就不能算是正当的。这就要求体育教师在教学过程中要对学生的各项受教育的权利给予充分的尊重。

（2）应该在符合伦理道德要求的前提下进行正当的体育教学。社会对于每一个成员都有着特殊的要求，这些要求主要是通过一些道德原则的形式表现出来。在道德方面，体育教学要很好地促进学生的发展，将学生培养成为一个有道德的人。

（3）正当的体育教学应是公平的。公平的体育教学指的是在体育教学过程中，对于具有不同资质的广大学生，体育教师都能做到平等对待。体育教师不能由于学生的课堂表现不佳而放弃对其进行教育，也不能对其进行差别对待。

（4）正当的体育教学应将学生作为目的。学生应当是正当的体育教学的目的，而不是被作为实现其他外在目的的手段。基于此，正当的体育教学应当给予学生充分的尊重，要使学生的主体性地位在整个体育教学过程中得到真正体现。

（二）体育正当教学的策略

1. 保证每一个学生参与体育教学权益的正当性

体育是学校教育中的一门重要学科，它通过与德、智、美等教育密切配合，从而实现促进人才全面发展的总目标。因此，体育课程是学校教育中的必修课程，换句话说，每一个学生都有权利参加体育课，体育教师也没有权利来禁止学生参加体育活动，一些体育法规就此也做出了明确的规定。但在实际的学校体育教学过程中,由于体育教师的专业化程度不高或并没有对此类问题给予足够的重视和关注,甚至有的人认为体育教师对于学生能否参加体育课的问题起着决定作用,尤其是对于一些经常调皮捣蛋的学生来说,体育教师为了提高教学的有效性而无故剥夺了他们参与体育活动的权利。

禁止学生参与体育活动不是体育教师的职责,其职责应该是对学生参与体育活动给予积极的鼓励。此外,还应该对那些对体育活动中缺乏积极性的学生进行思想方面的工作,对那些由于身体原因而无法上体育课的学生要做好相应的见习工作。而对于那些在体育活动过程中不遵守活动纪律的学生,体育教师应该对其进行耐心细致的教育与开导,通过自己的智慧和良好的教法来影响和感染学生。

2. 确保实施差异性体育教学的正当性

在任何一门学科的教学中,因材施教都是其中最为基本、最重要的教学原则,在体育教学中同样如此。由于在体育教学中同一班级、同一层次的学生可能在智力方面差异不大,但在运动技术、身体素质方面的能力与水平却可能相差很大,这就很容易导致学生学习运动技术快慢的问题。由此可知,体育教学是因材施教的特殊学科。为了提高体育教学的有效性,体育教师往往只是给予那些学习较快的学生更多的关注和重视,而对那些学习较慢或学习有困难的学生没有给予重视,这样的教学是不正当的。为了解决这种问题,体育教师应当进行差异性教学,给予那些学习较慢或学习困难的学生足够的重视。这样做可能会对体育教学效率产生影响,体育教师应当把握好体育教学有效性与正当性的尺度,使之在提高体育教学有效性的同时,也能保证体育教学的正当性。根据学生的身体素质、技术水平、兴趣爱好、运动能力等进行合理的分组,实施分层次教学,这也是差异性教学实施的主要策略。

在体育教学过程中,同样的技术错误与问题并不是所有的学生都会遇到。在体育教师用同样的教学手段和方法向全体学生施以影响时,学生在运用了体育教师提供的方法后,有的学生在运动技术的改进方面取得了良好的效果,这种教学是正当的;但有些学生的运动技术可能没有改进,反而在对运动技能进行理解和操作的过程中出现了很多错误,那么这种教学就是不正当的。

3. 确保体育教师领导作风的正当性

从体育课程教学来看,体育教师就是其中的领导者,体育教师除了具有和企业领导者相同的特征外,还有其一些独有的特征。体育教师虽然是体育教学的组织者、实施者和管理者,但他们所具有的职权是受到限制的。另外,体育教学活动是一个双向的过程,体育教师与学生每时每刻都处于这种双向互动的过程之中。作为体育教学的设计者和实施者,体育教师的言行会对学生的身心发展产生重要的影响,而这种影响有可能是良好的,也有可能是消极的、负面的。因此,体育教师必须调整好自己,加强自身的道德修养,调整好自己的心态和师德,不能对学生施以粗暴的言行,使学生感到害怕,望而生畏,这样的教学即使再有效,也是不正当的。此外,体育教师也要加强自己的威严和影响力。总的来说,体育教师只有在体育教学中做到松紧有度、宽严有法,才能为进行正当的、有效的体育教学提供保障。

4. 确保教学比赛与运动游戏的公平性、公正性

从体育竞技运动的本质来看,所有的竞技比赛都应该是公平的、公正的。但与体育竞技运动不同的是,体育课堂教学往往是在一种非正式化的情境中来组织和开展比赛的,每个运动员(学生)对于比赛规则都不是非常了解,常常会出现违犯规则的行为,如在接力跑的比赛中,有的学生没有等教师发令就抢跑,没有过线就往回跑,接下来的同学未与前一名同学击掌就开始跑等。对于这些教学比赛行为,体育教师如果不进行及时的纠正,往往会

导致比赛场面与秩序出现混乱，使得教学比赛丧失公平性和公正性。

另外，在体育教学分组方面也能体现出体育教学的公平性。

第四节　高校体育教学的发展与创新

一、高校体育教学的发展

（一）高校体育教学发展的背景

当前，高校的体育教学正处于不断地发展当中，而这种发展主要得益于所处的社会背景，具体如下。

1. 社会经济的发展

体育的改革与发展需要依托社会的进步和经济的发展，因此社会经济的发展对于体育及体育教学的发展具有重要影响作用，社会和经济的不断进步是现代体育及体育教学发展的重要现实背景。具体来讲，社会经济的发展对于学校体育教学所产生的影响主要表现在以下几个方面。

（1）经济的发展促进高校体育设施建设

目前，我国对高校教学设施的投入力度不断加大，学校体育教学的物质环境得到了极大的完善，这对学校体育教学的发展具有重要的促进作用。

（2）社会“文明病”的出现

科技的发展改变了人们的生活方式，在体力劳动大大减少和饮食质量提高的基础上，包括学生群体在内的许多人体力活动越来越少，身体机能逐渐衰退，再加上日常生活中过多地摄入动物脂肪、高蛋白及糖类，肥胖、冠心病、高血脂等现代“文明病”多发，因此重视对学生的体育教学,改善学生体质势在必行。

(3)社会压力的不断加大

当前社会,生活节奏快,竞争激烈,人们面对越来越大的心理压力。以高校大学生为例,他们面临着课业负担、就业压力以及人际交往等各种问题,许多大学生有着不同程度的心理问题(如性情孤僻、压抑,情绪失常等),而参加体育运动往往能够有效缓解个体的精神压力,对于高校大学生来说,加强体育教学具有重要意义。

2. 教育事业的发展

高校体育的发展与改革是整个教育体系发展改革的重要部分,因此教育事业的不断发展是高校体育发展的重要背景之一。

教育事业是我国当前一项非常重要的发展事业,对国家的综合国力和未来前景具有重要的影响作用。随着人们对教育事业认识的加深,国家也采取了一系列措施来加强教育事业的发展。例如,《中国教育改革和发展纲要》指出,要进一步转变教育思想,对教学内容和教学方法进行改进,克服教育过程中不同程度存在的脱离经济建设和社会发展需要的现象。再如,国家颁布的《中共中央国务院关于深化教育改革全面推进素质教育的决定》又强调了健康体魄是青少年为祖国和人民服务的基本前提,是我们中华民族旺盛生命力的体现。此外,《全民健身计划纲要》中指出,全民健身计划以全国人民为实施对象,以青少年和儿童为重点,学校要全面贯彻党的教育方针,努力做好学校体育工作。这一系列措施不仅能够有效促进教育事业的发展,也为高校体育的发展与改革提供了依据。

因此,当前高校体育作为素质教育改革的一个占据着非常主要地位的方面,在政府的指导、国家的支持、社会多方面关注下,高校体育教学工作无论在教学观念上,还是在教学形式、教学内容上都取得了新的突破,为高校体育教学的发展提供了十分有利的条件。

3. 体育事业的发展

当前,我国体育事业的良好发展态势在全国各地都营造出融洽的体育气氛,这对于带动高校体育的持续发展具有非常重要的推动作用。

一方面,我国运动员在体育赛事中取得辉煌成就的同时更加促进了人民群众对体育事业的兴趣;另一方面,体育产业的蓬勃发展对于体育人才也有着更加强烈的需求,这些都促使学校体育进行更为深入的改革。

(二)高校体育教学发展的措施

要想实现高校体育教学的持续发展,具体来看,应该采取的措施主要包括以下几个方面。

1. 确定合理的教学目标

教学目标是各种学科教学必须设定的,它是这个学科教学将要达到的预期效果,没有教学目标,就不存在教学行为。体育教学也是如此,因此,体育教学管理部门自始至终都非常关注对体育教学目标的合理设计,如 2002 年教育部颁布的《学生体质健康标准(试行方案)》中指出,"我国大学体育教学的目标即通过对各运动项目理论和技能的学习,了解各运动项目的基本知识,掌握一定的各运动项目的锻炼方法与健身手段,提高学生的整体素质,增强体质,促进身心健康发展,为终身体育奠定良好的基础。"

体育教学目标的制定并不单单是一个摆设和空想的愿景,它必须是一个基于现实学生状况制定的具有一定可操作性和可行性的目标。具体在确定高校体育教学目标时要做到以下两点要求。

(1)将始终以提高学生的身心素质和适应社会的能力作为教学的基本目标。

(2)创立合理、可行的课程结构,并且融合与体育相关的其他学科知识,从而使学校学生健康知识、自我锻炼意识以及卫生习惯的养成等身心的全面发展得到有效实现,进而使“健康第一”的思想真正落到实处。

2.提高教学工作的质量

体育教师要注重教学工作的质量,使体育教学成为一项严谨、认真、活泼的素质教育教学活动。为此,体育教师应按照新颁布的《普通学校体育课教学指导纲要》要求,科学制订教学计划,并且根据教学内容情况选择最恰当的教学方法和手段,以使学生对体育的兴趣和需要得到较为充分的满足。此后,体育教学管理部门和体育教师还要注重对体育教学的某段周期的教学监督及周期结束后的评估工作,并且不断改进评估方法,确保体育教学活动开展的有效性。

3.提高教师的专业水准

体育教师是体育教学的直接实施者和参与者,由此可知作为体育教学主体之一的体育教师对教学活动的重要性。为此,体育教学管理部门需要特别注意提高体育教师的专业水准,力争打造一支优秀的、专业的、高质量的、具有高度负责精神的体育教师队伍。

具体来说,提高教师专业水准的措施主要包括以下两个方面。

(1)加强对在职体育教师的在岗或脱岗培训工作,进一步加强体育教师的专业技能和高度的责任心。

(2)为年轻体育教师提供多种形式的入职培训和在岗培训机会,以提高他们的学历和教学水平服务。

上述方式均提到了对教师的培训和再培训。为了使这些培训能够真正达到提高教师综合素质的目的,就需要在培训中对他们的知识结构和教学理念进行更新,即首先在理念上跃升到先进的行列中,再以此为基础进行技能方面的培训,最终获得双方面的共同提高。另外,作为一线体育教师,他们对于现代的体育教学改革扮演着重要的观察者和实践者的角色,为此,培训还要倡导体育教师积极投身到教学改革的工作中去,调动他们授课和做学术研究的积极性。

4. 加强硬件设施投入与管理

硬件设备是搞好体育教学的基础。尽管硬件设备不足也能搞体育教学工作，但要搞好体育教学必定离不开优质的体育资源。近年来，大幅度的高校扩招使得学生的人均体育资源使用率逐年下降，学校体育经费也出现了捉襟见肘的情况。因此，体育教育管理部门需要对体育资源和经费予以适当增加，为高校配备足够的体育场地和设备。如果不能获得充足资金的话，可着重对已有场地或设备进行完善和翻新，其中特别需要对场地和设备的安全性做重点完善。

在获得或完善了体育场地与设备后，对其的管理也是一门学问。体育场馆与器材在使用过程中会经常出现损坏或衰老的情况，因此，为了最大限度地使这些资源保持良好的状态，最大化地发挥它本身的使用价值，就需要有制度化和精细化的管理与保养工作，定期对体育教学物资进行检查，使体育场地设备及器材得到更好的利用。

5. 革新教学思想并落到实处

教学理念的革新不是一朝一夕能够完成的，它需要在体育教学实践中不断积累经验，让实践促进思想进步，与此同时，思想的进步也反馈到实践的指导工作中。

体育教学管理部门和一线体育教师应该充当好现代体育教学思想落实的先行者和践行者。现代体育教学思想的先行者要求他们首先转换传统的体育教学思想，让新思想充满头脑；其次，他们需要在这种思想的影响下成为该思想在体育教学实践中的践行者，即将思想落到实处，真正应用到体育教学当中，将这种体育教学思想的理念传达给每一个接受体育教学的学生。

二、高校体育教学的创新

(一)教学思想的创新

在高校体育教学的过程中,应该树立“求知创新”与“健康第一”的指导思想,从而将“健康第一”的思想与体育学科的建设之间紧密地联系起来,也使维护与增进健康扩展到了终身体育的领域,使体育为素质教育服务的特殊作用得以明确。

高校体育教学应该全面推进素质教育,树立“求知创新”“健康第一”的体育教学指导思想,让广大高校学生更好地掌握基本的运动技能,同时养成坚持锻炼身体的良好习惯。高校体育改革应该改变我们把运动作为教育的载体、把考试作为目标的思维定式,对体育的目标、功能、内容、手段以及方法等方面进行重新的认识,从而构建出多样化的、创新型的高校体育教学体系。

(二)体育教学过程的本质与主要目标的创新

高校体育教学的过程并不是直接的身体锻炼过程,体育教学与健身之间不能画等号,只依靠单纯的体育教学并不能够解决增强体质的问题。当前需要重视的问题是应该将知识技能的传授与意识、能力、习惯的培养紧密联系起来,加强对广大高校学生健身意识、健身能力以及健身习惯的培养,让广大高校学生通过体育锻炼能够得到一定的收获,从而为终身体育奠定坚实的基础。高校体育教学应该领会体育教学目标从“以增强体质为主”向“健康第一”的理论的升华,确立高校体育教学的主要目标:让广大学生对体育知识有积极的认识,了解运动健身的真正意义,同时树立终身健身的观念;使学生掌握健身的知识与方法,可以经常运用多种基本运动技能与健身方法进行锻炼;让学生具有独立健身的意识与能力。

总之,在素质教育的理念指导下,高校的体育教学应该不断加强对于学生体育能力以及社会适应能力的培养,强调终身体育意识的培养,体育教学更应该以人为本,更加注重人文教育和体育精神,注重人的全面发展。目前,我国高校的体育教学当中还存在很多问题与不足之处,高校体育教学是学校教育的重要一环,因此更应该做到与时俱进,不断进行自身的发展创新,在体育教学实践过程中不断总结经验,从而最终实现自身的创新发展。

第五节 我国高校体育教学发展的趋势与对策

一、我国高校体育教学发展的趋势

(一)重视学生的终身体育教育

"终身教育"这种思想是法国教育家保尔·郎格朗在1965年的联合国教科文组织会议上提出的,他认为学校教育要为终身教育担任重要角色。

联合国教科文指出"必须改变人们对教育的作用的看法。扩大了的教育新概念应该使每一个人都能发挥和加强自己的创造潜力,也应有助于挖掘出隐藏在我们每个人身上的财富。这意味着要充分地重视教育的作用,就是说使人们学会生存,实现个人全面发展的作用,不再把教育单纯看作是一种手段,是达到某些目的(技能、获得各种能力、经济目的)的必由之路"。有鉴于此,现代高校体育教育教学更加重视对具有广泛的适应能力与创新意识的复合型人才的培养,更加重视大学生四个学会(学会认知、学会做事、学会共处、学会生存)与终身体育教育的培养。

随着社会的不断发展,社会对于人才的要求也越来越高,体育在人们的日常生活中受到了更多的重视,高校体育更加重视对全面发展的人的培养和体育终身意识的培养,这也必然会成为未来社会发展的一个重要趋势。

(二)重视体育课程的深化改革

高校体育教育教学重视对体育课程的深化改革同样是我国高校体育教学的一种重要发展趋势。教育部于2003年颁布了《普通高中体育与健康课程标准》,次年进行了试点教学,高校体育教育教学获得了较快的发展,在未来的一段发展时期,高校体育教学还应该为推动课程改革与发展做出如下努力。

(1)高校体育课程的目标更加重视对大学生的人性化发展,强调构建弹性化的课程内容结构,从而更好地适应当前新形势下高校学生多元化的体育需求。

(2)高校体育课程设置更加注重高校学生的全面发展而不是单项体育知识体系的传授,强调大学生体育实践的能力,强调体育教学为终身体育服务。

(3)高校体育课程设置更加强调高校学生体育认知经验的掌握,重视高校学生体育经验、体育情感、体育态度、体育价值观的形成与发展。

(4)高校体育课程效果评价更加强调以高校学生的全面发展为核心,而非只强调运动成绩。

(5)更加强调体育课程的分级管理与体育教师在体育课程设置中的主导作用。

(三)重视野外生存训练与拓展训练

野外生存具有很好的挑战性、冒险性、趣味性以及实用性,它能够有效提高高校学生挑战困难与处理问题的心理素质,提高高校学生对自然与社会的适应能力、培养高校学生的审美情趣与环保意识,促进高校学生的全面发展。

2002年,我国正式启动“大学生野外生存生活训练”综合实践活动。同年7月,在课题组的统一领导和部署下,来自清华大学、中国地质大学、华东师范大学、上海交通大学、东北林业大学和浙江林业学院的140多名大学生,由各校体育教师带队,以黑龙江帽儿山、湖北神农架以及浙江大明山为基地进行了为期一周的野外生存训练,效果良好,为野外生存进入高校体育奠定了基础。

野外生存训练与拓展训练具有非常显著的健身特点、体育魅力及社会价值，是我国高校体育发展的一个重要方向。

（四）高校体育的课内外与校内外一体化

课程是为实现课程目标在教师组织指导下一切课内外活动的总和，这种大课程观的确立为我国高校体育走向课内外与校内外一体化奠定了坚实的理论基础。

目前，我国新一轮的体育课程改革是“从大课程观出发，将体育的课堂教学与课外、校外的体育活动包括运动训练纳入课程之中，形成课内外、校内外有机结合的课程结构”。此外，《中共中央国务院关于深化教育改革全面推进素质教育的决定》指出：“学校要树立健康第一的指导思想，切实加强体育工作”，“确保大学生体育课和课外体育活动的时间”。要贯彻落实学校教育与体育课程的“健康第一”的指导思想，有效地增进高校学生的健康，增强高校学生身体素质，高校体育就必须走课内外、校内外一体化的整体改革的道路。

由此可见，实施新的体育课程，搞好课堂教学、认真组织好课外与校外的多种多样的体育活动，充分开发和利用体育课程资源，加强体育教师、班主任、辅导员、有体育特长的其他学科教师、校医、学生干部之间的合作，满足高校学生的体育发展需要是高校体育教育教学的重要发展目标之一。

（五）关注竞技体育在高校体育中的地位

竞技体育是社会体育文化的重要组成部分，在高校体育教学中，正确实施竞技体育教育不仅能够增进高校学生的健康、培养高校学生的运动兴趣、提高高校学生的运动技能，同时还能够培养高校学生积极进取的人生态度、促进其学会建立良好的人际关系，更能够增强高校学生的竞争意识、团队意识以及责任感，提高高校学生的协作能力以及心理调节能力。竞技体育在高校体育中的地位具体表现如下。

（1）发展高校竞技体育符合高校学生的身心发展特点，能使其掌握某一项或者几项运动技能，对高校学生体现其自我价值具有重要意义。

（2）发展高校竞技体育是学校校园文化建设的重要组成部分，是学校丰富高校学生课余生活的重要手段，另外，还能通过组织或参加大型竞技比赛提高学校的知名度，一举多得。

（3）《高校体育工作条例》指出“提高大学生运动技术水平，为国家培养体育后备人才”是高校体育工作的基本任务，学校竞技体育既是发展我国体育事业的需要，也是发展我国教育事业的需要。

总之，发展学校竞技体育不仅是高校学生、学校、国家的需要，同时还能够促进三者的良性发展。因此，竞技体育必将成为高校体育的一种重要发展趋势。

二、我国高校体育教学发展的对策

（一）将终身体育作为体育教学发展指导思想

终身体育就是将体育纳入自己的生活，并伴随人的一生，这种思想的树立与形成可以有效促进我国体育教学的发展。

树立终身体育观念不仅是体育教学目标改革的指导思想，同时也是学校体育教学发展的落脚点，终身体育的最终实现在很大程度上取决于这种观念是否树立和能力是否形成。当下，树立终身体育的观念要求教师正确引导学生科学认识和理解体育的价值，端正学习体育的态度，积极学会体育锻炼的技能，掌握体育锻炼效果评价的方法，形成终身体育能力，为终身体育锻炼奠定基础。

（二）以课程目标调整为体育教学发展重点

将增强学生体质、提高学生的健康水平作为体育教学的首要目标是由体育的本质属性所决定的。具体来讲，调整体育教学课程目标主要应该从以下两个方面入手。

一方面，注重学生的个性发展。体育教师应该尊重学生在体育教学中的主体地位，将促进学生的个体发展作为促进当前体育教学发展的重要切入点，培养学生的竞争意识和创造能力，发展学生健康的个性。

另一方面，重视体育知识、技能与方法的掌握。体育的知识、技能与方法是构成学生体育素养的基本要素，因此具有积极的体育动机和良好的体育素养能够为今后学生从事体育锻炼打下良好的基础。

（三）以丰富教学内容为体育教学发展途径

丰富体育教学内容、实现体育教学内容的不断创新是促进体育教学发展的重要途径，这就要求体育教师在教学过程中应该重视以下几点。

（1）突出体育教学内容的科学性与逻辑性。在体育教学课程设计的不同阶段，体育教学内容应符合教育的内在规律和学生的身心发育特点，与学生的身心发展规律相符。

（2）重视体育教学内容的多样性和趣味性。一方面，多样性的体育教学内容能够为学生提供较充分的选择余地，而不是每个学生都必须学习很多统一的内容；另一方面，增加体育教学内容的趣味性有助于提高学生的学习积极性和主动性，引导学生认识体育教学内容学习及体育锻炼的价值。

（3）提高体育教学内容的通用性与民族性。其中，通用性是指教学内容具有统一的规范，适用于各种类型的学生，这是现代学校体育教学内容的主体。而体育教学内容的民族性是指教学内容中应吸收那些学生喜闻乐见、兴趣浓厚、具有明显地方色彩的民族或乡土体育运动项目。

（四）建立综合性的体育教学体系

学生是体育教学的主体，因此体育教学应该围绕促进学生的全面发展建立起综合性的体育教学体系。具体来讲，综合性体育教学体系的建立应该以满足学生个体发展的需要和社会需要为前提。实质上，学生的个体需要与社会需要是辩证统一的，社会需要从某种意义上来说就是所有个体发展的需要。而从体育的角度来说，应通过体育教学促进学生个体身体素质的全面发展和良好心理健康状态、个性心理特征的形成，使学生发展成一个融知识、品格、能力为一体的综合性人才。

第三章　普通高校体育教学思想的演变与发展

在体育教育发展的过程中,体育教学思想可以说是一个纲领性文件,起着重要的指导作用。合理而正确的体育教学思想的确立能为体育教育的发展指明正确的方向,否则学校体育教育的发展就会误入歧途,不能在正确的轨道上前进。因此,加强我国普通高校体育教学思想的研究对我国体育教学的长远发展具有重要的影响和意义。

第一节　我国高校体育教学思想的演变与发展

一、中华人民共和国成立初期的体育教学思想

中华人民共和国成立初期,百废待兴,我国的经济基础还非常薄弱,在这样的背景下,"全民皆兵"成为发展国民经济和保家卫国的重要国策。这一时期,学校体育教育的基本目标就是培养身体强健的社会主义建设者。在这一时期,学校体育教育包含了军事思想和军事技能的教育内容,使得体育教学内容变得异常丰富。另外,一些军事体育教育内容也弥补了教学环境的不足。总之,中华人民共和国成立初期,军事教育成为学校体育教育的重要内容,这一时期,从体育教育思想和教学内容等方面都形成了鲜明的特色,是符合当时社会发展条件和学校教育状况的产物。

二、竞技体育思想的形成与发展

不论是在小学、中学还是在业余体校，竞技体育思想早已成为重要的教育内容。高校体育教育也同样延续了中学体育教育的思想和内容，保留了竞技体育的特色，甚至人们一提到体育就是指竞技体育，由此可见竞技体育思想的重要地位。在我国体育教育发展的过程中，竞技体育也的确对中国国际影响力的提高起到了重要的推动作用，使我国从一个难以进入奥运会的弱国逐渐成为一个体育大国，并向着体育强国的目标迈进。

三、改革开放初期体质健康思想的确立

改革开放后，随着各项事业的改革与发展，我国的高等教育也迎来了新的发展机遇与挑战。1979 年，《学校体育卫生工作暂行规定》的颁布，确立了学校体育在整个学校教育中的地位，指出了体育教育是学校教育不可或缺的重要组成部分。

1983 年召开的“全国学校体育卫生工作”会议上，确立了以增强学生体质为主要目标的学校体育教学指导思想。1985 年中央下发了《中共中央关于教育体制改革的决定》，对全国教育系统工作提出了明确要求，明确提出要对我国现行教育体制进行改革，从而为提高民族素质、培养人才提供了必要的政策保障。

以上这些文件与措施的出台极大地拓宽了我国体育教学的目标，把促进身心健康、培养良好心理素质等纳入了体育教学目标体系，适应了改革开放初期我国高等教育的发展需求，是一个大的进步。

四、深化改革阶段的素质教育指导思想的形成

20 世纪 90 年代，我国正处于改革开放的快速发展阶段，在这一时期，通过大力的改革与发展，我国社会各项事业都取得了

不错的发展，学校体育教学改革同样如此。在这一时期，学校体育教育改革日益深化，体育教学、课外体育活动、体育比赛等各种改革模式不断出现，这对于我国体育教学的发展起到了重要的推动作用。经过多年的努力，我国高校体育教学基本形成了以素质教育为主要目标的、更加宽泛的体育教育体系。

在体育教学中推行素质教育是我国“德、智、体、美全面发展”的教育方针在新时期的继承与发展，无论是在理论层面还是实践层面，素质教育对我国体育教育的发展都具有非常深远的影响和意义。

五、现代“终身体育”“健康第一”指导思想的形成与发展

通过调查发现，近些年我国大学生的体质健康状况不容乐观，体质呈逐年下降的趋势，这对我国高等学校教育的改革提出了切实的要求。在这样的背景下，“健康第一”教学指导思想受到了体育教育部门及教师的普遍认同。近些年来，我国高校进一步明确了“健康第一”教学指导思想的地位，提出要采取各种手段与措施切实提高学生学习体育的兴趣，促使学生养成良好的生活习惯，从而达到“终身体育”锻炼的目的。另外，教育部还制定了《学生体质健康标准》，对学生的体质健康进行检测与评价，这对于学生体质水平的发展起到了重要的作用，同时也非常有利于素质教育的推进与开展。发展到现在，“终身体育”“健康第一”的现代体育教学指导思想已逐步确立，成为指导高校体育教学工作的核心纲领。

第二节　建构主义学习理论对我国体育教学思想的影响

一、建构主义学习理论的概念与特征

（一）建构主义学习理论的概念

人在原先已有的认知结构的基础上，通过学习将外界环境中的信息整合到原有的认知结构中，从而引起自身认知结构的改变，形成一种全新的认知结构，这就是建构主义的过程。人们所具有的已有认知结构是人们进行认知的基础，它作为一种思考和理解方式对人们的认知活动产生重要的影响。在不断吸纳新的外界信息的过程中，人类认知结构不断形成和发展。同化、顺应、平衡是影响人类认知结构的三个重要过程。同化是指在学习的过程中，个体对所输入的刺激进行过滤或对其进行改变的过程。换句话说，就是在对刺激进行感受时，个体将这些刺激融入头脑中原有的图式之中，并使这些刺激成为其中的一部分。顺应是指在学习的过程中，个体对遇到的、无法用头脑中原有的图式来同化新刺激时，就会对头脑中原有的新刺激进行修改或重建，以此来对外界环境进行适应。平衡是个体通过自我调节在具体的学习过程中促使自己的认知从一个平衡状态向着另一个平衡状态发展与过渡的过程。

（二）建构主义学习理论的特征

建构主义学习理论表现出以下几个方面的特征。

1. 探究性特征

在探究性方面，建构主义学习理论的作用巨大，其在整个学习过程中的起始阶段和结束阶段都起着非常重要的作用。学者布鲁纳提出，在教学过程中，学生是积极的探究者。教师要创设出良好的情境来方便学生进行独立的探究，并便于学生自我思考问题，使学生参与到知识获得的过程之中，要建造一个活的小型藏书库，而不是直接向学生提供现成的知识。总的来说，学生要积极主动地探究知识，而不是被动消极地接受知识。

2. 情境化特征

在传统的体育教学中，学习过程通常与特定的教学情境相脱离，这种类型的学习结果也仅仅是应付接下来的考试，并不能将已经学习到的知识在一种复杂的真实情境中加以运用来解决所遇到的实际问题，导致“高分低能”现象的出现。因此，除了对知识表征的多元化给予高度重视外，建构主义学习理论还注重进一步加强各种知识表征之间的相互联系。此外，建构主义学习理论还将知识表征与多样化的情境相关联。

3. 问题导向性特征

建构主义学习理论非常注重学生学习过程中的问题导向性，具有一定的问题导向性特征。这一理论主张学生在学习的过程中，提高发现问题和解决问题的主动性，在这一过程中，学生不仅能够积极探索和思考解决问题的各种策略，还能够学习到其应该掌握的各种知识。在教学过程中，教师通过积极指导和启发学生进行相应的问题探索意识，来触发一系列的学习活动。在这一过程中，学生提高了学习的积极性，也培养了自己动手解决问题的能力。

4. 社会性特征

社会性也是建构主义学习理论重要的特征之一，在这一理论指导下，根据学生发展的社会源泉、社会文化中介，以及通过心理的处理和加工来促进知识的内化等方面，开发各种借助于现代网络技术和计算机技术为载体的多种学习方法，进一步突出其学习模式的社会性。需要注意的是，为了更好地实现多方面的教学任务，使社会性学习作用得以展现，在学习过程中一般通过学生与教材和计算机技术等的互动来达成相应的目标。

二、建构主义学习理论对我国体育教学思想的影响

大量的实践表明，建构主义学习理论对于我国的学校体育课程改革产生了重要的影响，这一影响尤其在体育课程实践以及体育教学思想方面表现得更为深刻。

（一）建构主义学习理论对我国体育课程改革的不适应性

建构主义学习理论认为，在体育教学过程中，学生各种知识的学习并不是被动接受的，而是主动吸收与学习的过程。与其他学科不同，以身体练习为手段，以运动技能为教学内容是体育课程的主要特征。在体育教学过程中，各体育运动项目之间是一种并列平等的关系，因此它是不同于由简到繁的逻辑认知的。体育运动的学习过程是对自身身体不断认知的过程，通过对相应的技术动作的模仿和重复，从而初步掌握相应的动作技术。在体育课程教学过程中，大部分的动作技术和技能结构相对良好，这也决定了其能够被模仿和重现。在动作掌握的粗略阶段，倘若这些客观呈现如动作的讲解、示范和练习等都不正确，学生也就很难通过这些客观呈现建立起正确的条件反射，这就会迫使学生降低学习动机，甚至也会使一些不必要的运动损伤在学习的过程中出现，最终会造成无效化的体育教学。

随着我国体育教学改革的逐步进行，建构主义学习理论在我国体育教学过程中也发挥着越来越重要的作用。但是在教学过程中，人们对建构主义学习理论也产生了一些错误的认知。有人认为，在体育课程改革过程中，新课程的推行是对传统的接受式学习方式的否定，取而代之的便是学生“主体意义建构”。美国教育学家杰罗姆·布鲁纳在推行“发现式学习”时，最终以失败而

告终，有学者就对其失败的原因进行了分析和研究，最终认为，学校的主要任务是向学生传递相应的人类文化知识，而学校中最基本的学习方式为有意义地进行学习。有意义地接受学习是一个主动学习的过程，它是指学生对教师所传授的知识进行积极主动的选择、整合、内化，并将所学到的新的知识纳入已有的认知结构中，从而更好地理解和掌握所学习的新知识。

（二）建构主义学习理论对我国体育课程改革的适应性

建构主义学习理论有以下三个观点：第一，学生学习的过程绝不是教师直接向学生灌输知识的过程，而更多的是充分调动学生的积极性和主动性，使学生自觉进行学习的过程；第二，学习不是学生个体孤军奋战的过程，而是在学习过程中学生之间进行相互合作、沟通、构建知识的过程；第三，学习不是对周围世界进行原封不动迁移的过程，而是学生根据所具有的知识经验进行探究新知识的过程。

建构主义理论以上三个观点突出了“自主”“合作”“探究”的重要性。因此，从一定程度上来说，我国体育教学过程中推行的自主学习法、合作学习法以及探究学习法等都是以建构主义学习理论为基础的。这充分说明，建构主义学习理论为教育工作者学习方式的研究也开拓了更为广阔的视野。

在我国高校体育教学过程中，学生应正确应用“自主、探究、合作”的学习方式，不断提高自身自主学习的能力，激发创新与探索的潜能，培养团队协作意识。同时，建构主义学习理论对教师也提出了一定的要求，要求教师不仅要扮演知识的传授者和引导者角色，而且还要扮演更加多元化的角色。因此，实施新课程改革的重要环节就是实现教师的专业化发展，并促进教师职业的不断成长，从而适应新课程改革的要求。在改善学生的课堂地位方面，建构主义学习理论起到了极大的推动作用。从具体实际来看，阻碍我国基础教育改革的重要因素之一就是学生主体地位的缺失。在这种教学理论的指导下，学习的中心变为学生，他们从被动的接受者转变为主动的学习者。学生在学习过程中,通过对各种外界信息进行加工,进行相应意义的主动构建。在体育教学过程中,为了保证学生主体性作用的发挥,应注意以下几方面。

(1)为了更好地实现知识的学习,应用探索法和发现法对知识的意义进行构建。

(2)在意义建构的过程中,学生要对相关的信息资料进行主动的搜集和分析,并根据所要学习的问题提出各种合理的假设,进而验证所提出的假设。

(3)学生要将当前所学内容反映出的事物与自己已经了解和掌握的事物之间建立联系,并对这种联系进行必要的思考。

三、建构主义学习理论在体育教学中应用时的注意事项

(一)要理性区分"学生的主体性"与"以学生为中心"

建构主义学习理论非常强调学生在学习过程中的主体性地位,这也引起一些争议,其争议的焦点在于知识是作为主客观的统一,还是完全地进行主观构建。通过对建构主义学习理论进行分析,我们不难发现,建构主义学习理论更加倾向于知识是完全主观构建的,如激进主义和社会建构主义。在体育教学过程中,如果以这些较为极端的建构主义学习理论作为体育教学的指导,其过分注重学生在教学过程中的主体性地位,将造成对教师的主导地位的忽视,从而导致体育教学失去教育的标准。

坚持"尊重学生学习的主体性"是以"发挥教师的主导性"为前提的,并且还要遵循教育教学的规律。"以学生为中心"可能会在一定程度上导致教师失去主导作用,这要求在具体的教学实践过程中要把握好尺度。

(二)动作技能的学习应是主观与客观相统一的过程

根据建构主义学习理论,体育教学的过程就是教师创设特定的教学情境,学生通过自己探索来获得体育知识和运动技能的意义建构。但在体育教学中,动作技能的学习更多地属于结构良好的领域,学习者可以通过对客观呈现的模仿和再现来获得知识。需要注意的是,无论是模仿示范动作,还是反复的练习,都需要学生积极性和主动性的参与,否则就无法取得理想的学习效果。如果学生仍然是被动地、机械地学习,那么学习同样是失败的。因此,动作技能的学习不是单纯的建构主观意义的结果,而是一个主客观相统一的过程。

(三)情境的创设要围绕目标的达成

在体育教学过程中,建构主义学习理论注重教学情境的创设,并且所创设的问题情境还要具有一定的目的性,通常与日常生活密切相关。从不同的角度出发,所创设出的问题情境也会有一定的区别,从而造成教学模式的差异性。在创设相应的问题情境时,有可能会取得成功, 相应地也会出现失败。成功的问题情境创设不仅能够激发学生学习的主动性,还能够使得学生深化理解相应的知识,并且在社会生活实践过程中能够很好地运用所学的知识,这对于学生更好地提高解决问题的能力具有重要的促进作用。这些都与我国的体育课程保持一致。但在体育教学实践过程中,有许多体育教学情境并不是以达成目标为前提,这些教学情境,要么与教学的本质特征相脱离,要么忽视了体育教学的目标,要么流于形式化,脱离了现实生活,与建构主义的本质相背离。以上现象充分表明了,我们对建构主义学习理论的机械性照搬和断章取义都是不可取的。

(四)建构主义学习理论并不是唯一的教学模式

目前,我国体育教学中常用的探究式学习可以说是在以建构主义学习理论为基础发展起来的，它可以使学生的积极性得到更为充分的调动，更好地培养学生的创新精神，使学生的实践能力得到提高。对于需要学生在短时间内掌握大量的以书本为载体的知识，采用传统的接受式学习方式较为适宜。因此，虽然探究式学习方法是一种不错的教学方法，但是其并不是万能的方法。在实际教学过程中，只有与学生个体相适应的学习方式才是最为有效的学习方式。如果在教学过程中不区分教学内容而采用相应的教学模式，则会对教学目标的实现产生消极的影响。在教学实践中，应对多种教学方式进行优劣势的分析，然后将各种教学方式有机结合起来使用，实现优势的互补。学习者的态度、学习方法、认知基础和学习条件等是决定学生学习是否有效，学习是否有意义的关键因素。因此，教师在教学过程中要对实际教学情况进行分析，在此基础上确定最为科学、合理的教学策略和教学方式。

综上所述，建构主义学习理论在我国体育教学改革过程中有着重要的影响与作用，对我国体育教学思想的形成与发展起到了重要的指导与推动作用。但需要注意的是，由于建构主义学习理论自身并不完善，再加上中西方在社会文化方面有着较大的差异，以及体育课程自身独特的学科特点，这就要求我们在体育课程教学中，运用建构主义学习理论进行指导教学实践时，既不能盲目地照搬，也不能对其全盘否定。世界上不存在完美的理论，每一种理论都有其优势和局限性，有着各自不同的应用领域和应用范围。因此，在体育课程教学实践中应用建构主义学习理论时，还要参照其他的教育理论和学习理论，加以综合利用，如此才能建立和形成适合我国体育教学发展的教学思想体系。

第三节　现代西方教学思想对我国体育教学思想的影响

纵观我国体育教学思想的发展历程就会发现，现代西方教育教学的众多思想都对体育教学思想的形成产生了极为深远的影响。其中人本主义教育思想就是重要的一个方面。本节就对此展开具体的研究与分析。

一、现代人本主义教育思想的特征

人本主义教育思想从字面意义上来看就是“以人为本”，这一教育思想的特征主要表现在以下几个方面。

（一）追求自我实现的教育目的

现代人本主义思想的观点认为，教育的最终目标就是要实现自我、形成完美的人性，并达到人所不能及的最高境界。人的自我实现包括两方面的内容：其一是人格的整体性；其二是人格的创造性。人格的整体性主要体现在人学习的整体性，学生的自我和环境、情感和智力在学习的过程中有机地结合起来。罗杰斯认为，认知和情感两种因素的结合就是人的学习，教育者所要做的就是要促进这两种因素的结合。人格的创造性则是指人的性格、个性以及个人整体的充分发展等方面。创造性是每个人与生俱来的潜能，教育就是要对这种潜能进行挖掘，要有助于创造性的培养，其最终目的就是要培养出一个不惧怕变革，并且能够勇于追求新事物的人，在变革中享受变化的乐趣的新人。因此，现代人本主义教育思想的价值所在体现在其对创造性人才的培养方面。

（二）尊重学生自由发展的课程安排

现代人本主义教育思想认为，在教学过程中，应充分给予学生自己选择的机会，他人尽可能少地干涉，这样才能够促使其形成良好的心理品质，并促进其自信心的确立。

在体育教学中，并不是所有的课程都适合任何学生，必须提供多种多样、幅度不同的课程方案，使其适应不同学生的个性特征，并且引导其根据自身的发展需要来进行选择。在教学过程中，应使学生所学的知识与其生活经验相结合，还要使情意因素和认知因素有效结合。

（三）尊重学生情感体验的教学方法

在体育教学中，现代人本主义主张要以学生为中心，让学生通过自己的亲身体验来形成经验，并在学习的过程中不断发现自我，并学会尊重他人、学会容忍，从而促进学生独特个性的形成。因此，学校所应做的是要给学生营造良好的人际交往环境，教师对学生抱以真诚的态度，给予学生充分的尊重、理解和信任。

由此可知，在弘扬人的个性，强调以人为中心，尊重人的情感体验等方面，现代人本主义教育思想与新人本主义、古典人本主义教育思想是一脉相承的。通过对人本主义的发展历史进行分析和研究，我们不难发现，现代人本主义与古典人本主义和新人本主义所针对的对象并不同。古典人本主义和新人本主义主要针对封建教育，而现代人本主义则主要针对“科学主义”。现代人本主义教育在一定程度上否定了教师的权威，肯定了学生在学习中的主体性，重在培养学生的创造精神。另外，现代人本主义还注重发挥体育教学中的非理性因素的重要作用，并且随着经济社会的不断发展，其也表现出了一定的时代进步性。在新的时代环境下，现代人本主义必将得到快速发展。

但需要注意的是，在现代人本主义教育思想中，仍然存在着一定的片面性，人本主义的理论基础有唯心主义的一面，其教育目的更是表现出偏执于“个人本位”，它在将人与科技、人与社会相对立、相分离的同时对教育价值的认识也受到了更多的束缚，并且反理智主义也进一步得到助长。在一定程度上而言，现代人本主义逐渐背离了古典人本主义所倡导的理性传统。科学主义教育思想对经济社会的发展具有重要的促进作用，符合社会发展的主流趋势，其在教育中的主流地位逐步确立，并得到了进一步的巩固。因此，随着教育价值多元性逐渐被人们深刻地认识，人本主义教育思想也逐渐呈现出与科学主义教育思想相融合的趋势，这使得现代人本主义教育思想得以确立。

二、现代人本主义教育思想对我国体育教育的影响

发展到现在，我国学校教学改革的重要方向之一，就是对人性化教育、人本化教育与教育的意义与价值方面的改革。据研究与分析可知，我国教育改革深受人本主义教育思想的影响，这突出反映在教学观、价值观以及课程观等几个方面。

（一）教学观方面

在我国长期的体育教学过程中，教师一直是教学的中心，在教学中占主导地位，这在一定程度上导致了学生厌学现象的出现。因此，现代所倡导的素质教育便将树立现代教学观作为宗旨。现代教学观念更加注重学生的主体性，重视学生在学习过程中的情感体验，注重其积极性和主动性的培养。总之，我国教育教学观受现代人本主义教育思想的影响非常大。

（二）价值观方面

在以往的学校教育中，对教育的社会价值和工具价值方面较为侧重，而随着人们认识水平的不断提高，人们逐渐认识到这种教育是对其本质属性的违背。体育的过程是培养人的社会性活

动,在这一过程中,人既是教育的出发点也是最终的落脚点。如果教育缺少了对人的社会性的培养,则其就失去了所具有的独立存在的价值和本质特征,同时其所具有的社会价值也就成为空谈。人的价值的实现,必须重视加强对人的主动性和创新精神的培养,才有可能更好地体现出教育的社会价值。

(三)课程观方面

大量的教学实践表明,教学活动开展得成功与否,关键是要看其能否在教学的内容与现实生活和固有的经验之间建立一定的内在联系。因此,有些学者认为,在教学改革中应增强课程的现实性。近些年来,我国的课程结构不断地得到调整,并在课程体系中融入了活动课程和综合课程,同时也越来越关注隐蔽课程。因此,现代教育改革过程中,相应的课程内容缩减、难度降低的同时,与社会生活现实之间的关系却逐渐变得更加紧密。

三、现代人本主义教育思想对我国学校体育改革的启示

(一)重新定位学校体育价值

现代体育教学处处体现着人文精神,这与现代社会的发展是相适应的。在当今社会发展背景下,这为人们思考学校体育教学的价值提供了便利。众所周知,学校体育的根本出发点和落脚点是“育人”,它是现代教育的重要组成部分。但长期以来,人们总是在理解体育科学化的基础上,采用生物学的观点来对学校体育的价值做出判断,并且过多地关注学校体育“增强体质”的功能。另外,随着商业社会的不断发展,实用主义对学校体育产生了重要的影响。在现实社会中,学校体育并没有给学生充分的情感体验和创造性的培养,对于学生的个性发展也有所欠缺。

在学校教育中,学校体育的本质功能是增强学生的体质,社会需要使得学校体育为经济发展和社会政治服务成为必然,但这

些并不是唯一的。因此,在我国现阶段体育教育改革的目的是要在增强学生体质的基础上,进一步拓展体育教学的人文价值,建立多元化的体育教学价值体系。

(二)重新确立学校体育教学目标

增强学生体质、掌握“三基”和德育是我国传统的学校体育教学目标。多元化的学校体育价值体系,给学校体育目标多样性、多层次的建构提出了必然要求。

在体育教学改革的过程中,体育教师逐渐认识到技术教育并不能完全作为学校体育实践的重心,应该把重心从单纯地追求学生的外在技能水平向追求学生的全面协调发展转移。这些都体现出了我国在学校体育改革中更加注重学校体育目标的人文倾向。

(三)重新调整学校体育课程内容

通过一系列教学改革的进行,我国学校体育教学内容的灵活性和教育性不断提高,并在新的体育教学大纲中得到加强。同时在促使学生养成良好的体育习惯、弘扬民族文化、符合学生身心发展特点方面也进行了较大的改进。我国体育课程处于不断进步和发展之中,但是其并不能完全满足素质教师的需求。因此,现阶段,应对体育课程内容进行多方面的调整,具体内容主要包括以下几个方面。

(1)趣味性:在课程改革过程中,要充分利用学生的好奇心,激发其学习兴趣。

(2)创新性:课程内容还要为学生创新精神的发展提供广阔的空间。

(3)适用性:课程内容的设置要侧重于对学生的终身体育能力的培养,加强与社会和生活的联系。

(4)普及性:课程内容中对于一些竞技体育项目中不适合该年龄阶段学生的技术要领、规则、器材和设施要进行相应的改造,并使其更有利于在全体学生中进行普遍开展,更具有健身价值。

(四)重新认识学校体育教学的内涵

人本主义的体育教学思想引申出了众多的教学观念,如成功体育、快乐体育和终身体育等,这些教育思想都非常注重学生的主体地位、注重培养学生的创新精神、注重学生个性的发展等。而在体育教学不断发展的过程中,一些新的体育教学模式也不断涌现出来并得到了广泛的传播,如情境式教学、发现式教学、快乐式教学以及创造式教学等。但对于尊重学生的自我选择,满足学生个体的需要;如何将学习由被动变为主动,由机械性学习变为有意义学习;如何在教学过程中营造轻松活跃的学习氛围,使得学生获得良好的情感体验;如何全面和谐地发展学生的个性等问题,已经成为现代学校体育教学改革讨论的热点话题。

在新的时代背景下,在学校体育教学中,学生学习体育知识不再承受痛苦和沉重的负担,而是为了展现自我、弘扬个性、满足自身享受快乐的需要。虽然此处对现代人本主义教育思想对我国体育教学思想的影响进行了重点的阐述和讨论,但并没有对其他的教育思想进行否定。相反,在全球化的发展背景下,各种思想文化处在不断的发展和融合之中,教育思想也呈现出这一发展趋势,随着我国改革开放的深入进行,我国的学校体育教学思想呈现出多元化的发展趋势。

第四节　现代人文精神对我国体育教学思想的影响

一、人文精神的内涵

王汉华对人文精神进行了大量的研究和整理,并提出了人文精神的五层含义:(1)从科学的角度来看,人文精神是对科学、知识、真理的追求和探索;(2)从道德的角度来看,人文精神就是对道德信念、道德人格、道德行为、道德修养的追求和看重；(3)从价值的层面来看，人文精神就是渴望和呼唤自由、平等、正义等重大价值；(4)从人文主义的层面来看，人文精神就是尊重和关注人，就是期盼人的主体性；(5)从终极关怀的层面来看，人文精神就是反思信仰、幸福、生死、生存、社会终极价值等问题。

二、人文思想对体育教学的影响

(一)促进传统体育教学理念的更新

在传统体育教学发展和改革的过程中，生物体育观是其基础。在新的历史时期，我国在人文体育观念的影响下，在教学改革中出现了“学习领域目标”“课程目标”等一些新的概念。在教学过程中，对教学目标也进行了多方面的层次和类别划分，确立了“身体健康”和“运动技能”两个最为基础的目标，并且在此基础上确立了“心理健康”和“社会适应”等多方面的新的目标。

20世纪以来，我国教育与意识形态和政治之间具有较为密切的关系，在商业化不断发展、实用主义逐渐盛行的社会背景下，我国大学进行了人文教育与科学教育两种观点之间的论战，在很长一段时间内，科学主义主导了我国的大学教学。在科学主义的影响下，大学教学呈现出科学至上的原则，并且政治化和意识形态化也较为严重。科学主义膨胀造成人文精神的萎缩，造成在教学过程中人文性逐渐缺失，人文精神缺失也成为我国社会的一大弊病。

在体育教学改革过程中，随着课程改革的深化进行，人文精神逐渐回归。在开展大学管理、教学等方面的活动时，僵化的行政观念模式正在逐步松动，并且处处体现着人文关怀的印记。在教学过程中，体育课堂从教师示范、学生学习与练习的循环中解脱出来，并将其他所需要达到的目标穿插其中，从而让教学环境变得更加生动，学生也容易接受。

(二)加快体育课程体系的调整

在体育教学改革与发展的过程中,课程体系改革是非常重要的一方面。通过课程体系的改革,能使体育教学内容更加丰富多样,满足学生多方面的需求。但是,在体育教学实践过程中,在设置相应的教学课程时,学校多有不当和不足之处。在学校教学过程中,为了赶上教学进度,很多学校都会牺牲体育教学的时间,用来进行其他学科的学习。并且,在教学过程中,体育课的上课时间也并不好,很难满足学生的体育锻炼需求。

体育教学中,在人文思想的影响下,上述的一些教学中的问题得到了明显的改善。学校在设置相应的体育教学课程时,开始考虑学生的各方面需求,并且在课程中逐渐将学生作为课程中的主体。学校在进行教学内容和课程体系设计时,更加注重学生的个性和性别特点,并且开始根据学生的身体素质水平来提供丰富多彩的、供学生进行选择的体育教学内容。在体育教学过程中,教学工作者更加注重学生的身心发展规律,通过进行多方面的努力来提高学生的学习兴趣和积极性,使得体育教学的效果得到进一步提高。

(三)促使体育教学方法不断优化

在体育教学改革中,对体育教学方法的改革是其重要内容。在人文主义思想的影响下,体育教学过程中,通过多种形式的改革,改进体育教学的手段,并且培养了学生的人文精神。作为人文体育教学的重要组成部分,学生在体育教学过程中要得到全面的发展,这需要教育工作者对学生的素质教育给予高度的重视。

在体育教学过程中,在人文主义教学思想的影响下,教学方法得到优化和发展。教师在人文教学实践中,通过不断创造和探索生动有趣的教学方法,使得学生能够在教学过程中真正体会到体育运动的快乐,并且能够在运动过程中感受到其乐趣和独特魅力，形成终身体育思想。

学校在对原有体育教学课程内容进行改革的过程中，运动场馆和运动设施逐渐得到了发展和完善。体育运动场馆和设备是教学必不可少的工具，通过多方面的建设不仅能够使得学生更好地进行体育运动，还能够使其深入理解体育教学中的人文主义精神。

（四）构建科学的体育教学评价体系

在人文教学思想的影响下，教学评价体系逐渐发展和完善。新的评价体系不仅注重对学生进行全面的评价，还注重对教师教学的方面评价。在教学过程中，评价者开始注重“区别对待”的原则，针对教师和学生的不同情况进行相应的评价。

教师在对学生的学习效果进行评价时，教师逐步开始重视对多方面的教学效果进行量化分析，并且将定性评价和定量评价相结合，大大提高了体育教学评价的科学性，对于学生认识自身的不足以及获得学习的动力起到了良好的促进作用。

在评价学生学习能力时，不仅仅局限于技术技能的评价，同时也要注重对其创新能力、学习态度的评价，建立一个综合性的评价体系。学校在构建相应的评价体系时，不仅注重其科学性和可操作性，更加注重在评价过程中体现多方面的人文关怀。在每堂课完成后，体育教师都要及时回忆每一位学生的出勤情况及所有隐性情感的表现，并做出较为客观的记录和评价，并善于通过学生在学习过程中的表现来考查学生的情感态度的变化和进步程度，并将学生情感的评价结果作为重要的素材，来保证学习效果评价的合理化和科学化。

（五）加强校园人文环境建设，营造良好的体育教学氛围

在体育教学过程中，良好的教学环境是取得较好的体育教学效果的重要保证。因此，在教学过程中看，应加强学校的人文环

境建设,营造良好的教学氛围。

人文环境建设并不仅仅是学校的体育场馆和运动设施等方面的建设,还包括学校的体育文化建设,使得学生能够积极主动参与到学校组织的各项体育运动之中,并且能够全身心地投入。体育运动文化的建设是一个长期的过程,在这一过程中,学生不自觉地获得了感染和熏陶,从而认可和接受相应的体育运动文化。高校校园人文环境的建设,能够更好地营造出体育教学的人文氛围,更好地加强和促进人文精神的培养。

(六)促进教师人文素质的不断提高

在体育教学过程中,体育教师对学生产生了更为直接的影响。换句话说,要想在体育教学中培养学生的人文精神,体育教师是关键因素。如果体育教师不具备较高的人文素质,就无法培养出富有人文精神的学生。在教学实践中,无论是体育教师的形象、口才,还是其所具有的知识基础、专业水平、人格力量、道德修养等,都对学生人文精神的养成产生了直接或间接的影响。因此,不可否认的是,高水平师资队伍的建设是培养学生人文精神的前提条件,加强体育教师的专业素养与人文知识培养,不断更新知识,这些正是将人文精神融入体育教学中的关键。

人文思想对学校体育产生深入而透彻的影响,同时也是一种挑战。所有真知都来源于实践,作为体育教育工作者,要想形成一套切实可行、较为科学的课程体系还有很长的路要走,必须进行观念上的转变,树立以人为本的现代体育观,迎接人文体育时代的到来。人文体育的根本是对全民健身的充分认识,而学校体育便是推进全民健身的火种。

第五节　现代科学体育教学思想的应用

一、“健康第一”教育思想及应用

（一）“健康第一”教育思想树立的客观依据

1.“健康第一”的教育思想符合世界发展的潮流

健康的状态应该是身体、精神和社会的良好适应，这就是健康教育的基本理念。我国在健康教育基本理念的基础上提出了“健康第一”的教育理念及思想。1990年6月，我国教育部和卫生部联合颁发了《学校卫生工作条例》，使得健康教育纳入学校教育之中有了一定的法律依据和保障，这对于加强高校体育健康教育，进一步拓展群众体育和学校体育的领域，倡导全民参与体育健身都有极为重要的意义和作用。1999年，第三次全国教育工作会议于北京召开，会议明确了良好的身体素质是青少年建设祖国、为人民服务的前提，强调中小学及高等院校必须加紧改革，将体育教育纳入学校体育教育重要的工作之中。《全国普通高等学校体育与健康课程教学指导纲要（征求意见稿）》试行后，各高校加强了体育教育改革的力度，都主张将大学体育健康教育放在第一位，培养学生健康体育的意识和理念，并建立和养成长期参加体育锻炼的好习惯。2005年党中央国务院公布的《关于深化教育改革全面推进素质教育的决定》要求学校教育要以“健康第一”为指导思想，不断提高学生的身体素质。

综上所述，“健康第一”的教育理念是符合现代社会及世界发展潮流的，这种科学的教育理念必将得到迅速的传播与发展。

2.健康教育思想适应了社会发展的需求

现代社会竞争归根结底是专门人才和劳动者素质的竞争。

对于一个国家来说，要想立于不败之地，就必须造就一大批高质量的专门人才，而这些人才不仅要具备丰富的知识和出色的能力，同时还要有健康的体魄。因此，在新的时代背景下，学校教育特别强调学生的身心发展，要求学生树立“健康第一”的教育理念与思想，从而不断促进自身综合素质的发展与提高。

据相关调查发现，目前我国各学校有相当一部分学生存在着营养不良的状况，这种情况势必会影响学生综合素质的发展，进而影响我国的社会现代化建设。如不加以改变，将不能适应新时代对人才的需要。所以，我国各学校相关部门要加强体育教育改革，总结经验与教训，加大学校体育教育工作的力度，从根本上促进学生身体素质的提高。大量的实践和事实表明，学生积极参与体育健身活动，不仅能有效地增强体质，还有利于心理能力的体改与发展，这对于国家及整个社会的发展都是非常有益的。

（二）健康教育的主要任务及目标

1. 调整体育教学内容，普及科学的锻炼知识

增强学生的体质水平，是健康教育最为重要的目标之一。高校体育教学应根据学生体质健康测试标准，并结合学校的具体实际，允许学生自由选择自己喜爱的体育项目，使他们自愿参与到自己喜爱的运动项目中，从而掌握基本的健身方法和技能，进而树立终身体育锻炼的意识。

2. 进一步完善体育与健康教育体系

体育教学的内容异常丰富，在体育教学中渗透着体育人文学、运动人体学、健康教育学等内容，这使得人们的体育锻炼富有科学性和人文性，在体育教学中应不断提高学生对体育课的兴趣，使他们认识到体育健康教育的意义。另外，在体育教学中，还应增加促进学生身心健康发展的常识性内容，以帮助学生建立和养成良好的作息习惯，促进学生的身心健康发展。

3. 贯彻“学校教育要树立‘健康第一’的指导思想”

现代社会竞争日趋激烈，在这样激烈的竞争环境下，仅仅依靠丰富的知识和较高的智慧是不能适应这种变化的。在这样的时代背景下，国务院提出了“健康第一”的指导思想，要求学校培养身体健康、心理稳定、拼搏竞争、团结协作的新型高素质人才。学校体育教育的理念应从以往单纯的“增强体质”为主转移到“健康第一”的新型发展观。

4. 高校体育教育要服务于学生体质健康

“健康第一”的指导思想要求学校体育教育要服务于学生的体质健康。其中，运动技术是提高学生身体素质的良好手段，但学生同时也需要掌握体育保健的方法，养成自觉锻炼的意识。

5. 高校体育要服务于学生心理健康发展

在学校体育教育中，心理健康教育非常重要。当前，社会竞争越来越激烈，在这种背景下，学生产生了各种各样的心理问题。因此，学校体育教育要高度重视大学生的心理健康教育。学校体育的组织形式比较灵活，制定的体育锻炼目标因人而异，能全方位地评价学生的体育能力，对学生心理素质的提高具有重要的作用。

6. 高校体育要服务于提高学生的社会适应能力

学校体育教育对于学生协调人际关系，增强团队的凝聚力，加强自我心理调节能力，培养社会责任感，以及遵守社会规范都有重要的意义。因此，在学校教育发展的过程中，要将学校体育作为一门重要的教育工具，并深入挖掘其蕴含的教育价值，这样才能充分贯彻“健康第一”的教育理念，促进学生综合素质的提高。

（三）“健康第一”理念下学校实施健康教育的途径

在新的时代背景下，在“健康第一”教育理念的影响下，学校进行健康教育的途径主要有以下几点。

1. 提高体育教师的综合素质

随着体育教育的不断发展，现代体育教育要求体育教师不能只满足于以前知识培养的单一教学模式，而要求体育教师必须具有一定的科研探索能力。这就要求体育教师掌握科学和人文两方面的基本知识，以及具有扎实的体育基本功。体育教师要熟知信息科学、生命科学、环境科学等基础知识，了解体育教育的人文价值，掌握学生素质发展的规律性，努力提高自身的综合素养。除此之外，体育教师还要树立终身学习的思想，适应不断发展与变化着的社会。体育教育也需要与任课教师、学生、家长等有关人员的合作，以产生协调效应。

在现代体育教学快速发展的背景下，体育教学还要加强教师对教学的监控能力，在体育教学中，体育教师应结合自己的实际经验，善于在工作中发现问题、解决问题，努力提高自己的综合素质。

2. 健康教育的有力保障在于体育、卫生、美育的有机结合

进行健康教育，除了掌握基本的健身知识和体育能力外，还要求学生了解和掌握基本的营养、卫生等知识，要重视学生的营养和卫生知识的学习与指导。目前，我国学校体育与卫生保健的结合取得了一定的成效，但还没有形成一个完善的体系。因此，在新时期，在体育教学中，要紧密结合学生的具体实际合理安排体育教学的内容，要紧抓学生的青春期教育和心理健康教育。另外，还要广泛开展多种多样的体育活动，丰富校园体育文化建设，让学生感受到良好的体育学习氛围。体育是健与美的有机结合，寓美育于体育之中，能丰富体育的内容和形式，使学生真正感受到体育运动的美，进而产生主动参与体育运动的兴趣，从而提升自身的综合素质。

3. 培养学生的健康意识和行为，使其自觉参加体育锻炼

在体育教学中，体育教师要结合学生的具体实际，制定适合学生发展的体育教材，组织好学生参加体育运动锻炼。在上体育课时应注意适量，不应矫枉过正；在体育课外活动中应加强体育教师的指导力度；开展多种形式的体育比赛；有针对性地加强营养学、心理学、保健学、环保学、身心健康等方面的知识教育。

4. 加强学生健康知识和锻炼方法的培养，培养学生良好的体育运动习惯

在以往的体育教学中，大部分体育教师都过于重视运动技术的培养，而忽视了体育健康知识的传授，这是一种不好的现象，这在一定程度上导致了学生体育锻炼的盲目性，使得体育锻炼非常不科学。因此，对学生进行健康知识的培养和传授能避免这种情况的发生。另外，学校还要综合考虑开设一些社会体育设施建设较好的体育项目，为终身体育的开展创造有利的条件。

综上所述，在体育教学中应坚持以运动技术为主，同时重视健康知识和健身方法的传授，充分挖掘和开发受学生欢迎的体育运动项目，以培养和提高学生参与体育运动的兴趣，进而提升学生的综合素质。

二、"终身体育"教育思想及应用

（一）"终身体育"思想的概念

终身体育可以说是终身教育的重要组成部分。具体来讲，终身体育就是一个人从生命的开始，到生命结束，在整个过程中都要参加体育锻炼，使体育成为日常生活中必不可少的内容。终身体育强调个体生命整个过程中不同时期的体育，即体育健身贯穿于生命的全过程。经过一段时间的发展，终身体育的思想逐渐确立了在体育教育中的地位，成为现代先进的体育教育思想。

终身体育观念的建立与形成与学校体育教学的发展有着极为密切的关系。一般而言，终身体育由相互联系、相互影响的学

校体育、社区体育、家庭体育构成，共同作用于个人，并要求学校、家庭、社区均应开展体育活动，为人们提供参加体育活动的机会。终身体育贯穿于人的一生，对社会而言是全体国民的体育，二者的统一是终身体育追求的最高目标。

大量的实践与事实证明，终身体育思想能有效地促进我国体育教学的发展。树立终身体育观念是高校体育教学目标改革的指导思想，也是高校体育教学发展的落脚点。终身体育能否实现，在很大程度上取决于这种观念是否树立和能力是否形成。当下，树立终身体育的观念要求教师正确引导学生科学认识和理解体育的价值，端正学习体育的态度，积极学会体育锻炼的技能，掌握体育锻炼效果评价的方法，形成终身体育能力，为终身体育锻炼奠定基础。

（二）“终身体育”教育思想的基本特征

1. 体育运动锻炼时间的终身性特征

终身体育之所以是一种先进的教育思想，主要是由于终身体育突破了传统的学校体育目标过分强调学习与掌握运动技能的观念，使学校体育教育获得了进一步发展和延续。传统的体育教学观念把人接受体育教育的时间仅仅局限在在校学习期间，体育锻炼的内容也局限于体育知识、运动技能的学习和掌握。而终身体育则要求根据个体生长发育、发展和衰退的规律和阶段性特征进行科学的身体锻炼，体育锻炼可使人受益终身，因此要终身参与。

2. 体育运动锻炼群体的全民性特征

“终身体育”不仅针对在校学生，其覆盖群体涉及社会各个群体，所以说终身体育锻炼具有全民性的特点，这是指接受终身体育的所有人，在对象上包括儿童、青少年、成人和老年人等；在范围上有学校体育、家庭体育、社会体育等。

以终身体育为指导开展全面健身运动，其实质是群众体育普及的进一步发展,以实现广泛普及化。在现代社会,生存发展是时代的主流,要生存就必须会学习、运动锻炼和保健,人们要想更好地生活,就要把体育与生活紧密联系在一起,积极参与体育锻炼并促进身心健康发展,以更好地适应自我发展需求和社会发展需求。

3. 体育运动锻炼目的的实效性特征

人们进行体育锻炼应该具有明确的目的性,终身体育的最终目的是维护和改善人的生活质量,增进健康,延年益寿。终身体育是以适应个人发展和社会发展为根本着眼点的。人们为了改善自己的生活质量,应结合自身的具体实际合理选择体育运动方式,从而促进自身体质水平的提高。

(三)“终身体育”教育思想对体育教学的影响

1. 满足社会对体育教育人才培养的需求

“终身体育”教育思想是体育教育教学的一个重要指导思想,它对于充分发挥体育的教育作用,促进学生的身心健康发展、社会适应能力的提高,满足当代社会对人才发展的需求具有非常重要的作用。

社会劳动力都是由不同年龄段的人所构成的,他们都需要面临如何更好地保持身体健康,如何更好地适应社会,找到一份适合的工作。除了依靠科学技术水平来提高劳动生产效率之外,通过学习与掌握科学技术来创造出更好的物质产品,以满足人类生存和发展的需要才是关键所在。只有使身体保持在最佳的状态才能更好地适应现代社会发展的需要,因此应该在不同的人生阶段选择不同的锻炼方式和内容。对于不同年龄阶段与不同职业的人们来说,都面临着对它的选择,以保证自己有更加充沛的精力,身体更加健康,以便更好地适应现代社会的发展以及满足未来生活的需要,而这种伴随人生一起发展的体育,就是终身体育。

在体育教学过程中，要实现学生终身体育发展与社会需求二者的结合，具体应该重点做好以下几方面工作。

（1）明确学生需要与社会需要的彼此地位。这是正确处理学校体育发展与社会需要适配性的关键问题。

（2）明确学生需要与社会需要之间的关系。主体需要是推进学校体育文化发展的内在动力，社会需要是该项发展的外在要求。

（3）体育教学应围绕学生这一重要的参与主体开展，充分满足学生的学习和发展需求。

（4）灵活处理学生发展与社会需要之间的不同发展阶段的矛盾。虽然社会需要与主体需要在最终的目标上保持一致，但这并不代表之前的其他过程就是相同的，学生的终身体育发展为社会对人才的需求奠定了基本人才素质基础，但学校体育教育是多方面的，不能单纯为社会需求发展服务，还应充分考虑“以人为本”“健康第一”。

（5）校园体育教学要时刻注重对学生的生理、心理、行为模式、思想意识等方面的调查与研究，同时以社会需要为基础，以“是否符合社会发展需要”作为衡量学校体育教学合理与成功与否的重要评价标准。

2. 推动新时期学校体育教学的改革

由于长时期受到传统教育思想的制约，我国学校体育过于强调技术、技能方面的教学而忽略了其他方面的教学内容，这导致体育教学中出现了一系列问题。学生走向社会后必须掌握的东西，教师不一定教；而教师教的内容，学生走向社会后不一定用得上。一般情况下，学生在走向社会之后很多都不再参加体育锻炼，这使得他们的身体每况愈下，不能适应变化了的环境，这就在很大程度上阻碍了自身的进一步发展。

“终身体育”教育思想指导下的体育教学不仅仅是追求学生

某一特定的运动技能和运动的熟练程度，而是更为重视学生学会分析自身的身体锻炼与综合的运动实践能力，注重对学生的体育爱好和兴趣的重点培养，使学生养成良好的身体锻炼习惯，重视和培养学生掌握系统的体育基础理论知识、科学的身体锻炼方法，以及检查评定的方法，促使学生形成从事终身体育的思想和能力、意识、习惯，对学生自觉、自愿参加和组织体育活动的能力提出更高的要求。“终身体育”思想是当前我国体育教学中重要的指导思想，它的提出推进了我国体育教学改革的进程。

3. 满足学生未来体育生活化的要求

发展到现在，体育已深入人们生活的各个角落。人们在每个阶段参与体育锻炼可以有效增强自己的体育意识，提高对体育锻炼的认识并形成自觉自愿的锻炼风气，这已经成为社会发展的一种必然趋势。

学生走向社会后，成为社会的一员，其终身体育意识的形成对推动群众体育的开展、提高群众体育活动的兴趣、促进文化交流都具有重要的意义与作用。人的个体性在终身体育中得到了足够的重视，并且终身体育着眼于人一生中各个不同的年龄阶段、不同的生活环境、不同的职业特点来选择相应的锻炼方法和内容，进行不同形式的身体锻炼，以保证终身受益。而学校体育教学正是为未来扮演不同社会角色的学生提供了一个良好的参与体育的契机，指导其参与体育锻炼，以便进入社会后更好地适应社会。

4. 推动我国人文体育的建设与发展

终身体育教育思想对我国人文体育的推动主要体现在以下两个方面。

一方面，在体育教学过程中，良好的教学环境是获得良好体育教学效果的重要保证。因此，在教学过程中应该不断加强学校的人文环境建设，创造出良好的教学氛围。

另一方面，提高体育教师的人文体育素质成为“终身体育”

的一个重要体现和要求。在体育教学过程中，体育教师对学生产生了更为直接的影响。作为体育教育工作者，要想形成一套切实可行、较为科学的课程体系还有很长的路要走，必须进行观念上的转变，树立以人为本的现代体育观，迎接人文体育时代的到来。人文体育的根本是对全民健身的充分认识，而学校体育便是推进全民健身的火种。因此，不可否认的是，一支高水平的师资队伍是培养学生体育精神的重要前提条件。

高校是培养社会未来优秀人才的重要教育基地，因此应该特别重视把国家需要、社会需要与学生个体需要有机结合起来；把追求体育的健身价值和与人文价值有机结合起来；把传授体育知识技能与终身体育教育有机结合起来。真正以学生为教育教学主体，全面提高大学生的体育素养，促进大学生的身心全面发展。

终身体育发展的影响不光体现在对体育教学的促进方面，同时还体现在社会主义经济建设方面。可以说，终身体育与经济建设之间的关系非常密切。在社会经济快速发展的背景下，终身体育不断地向社会提供体育劳务这种特殊的体育消费品，通过长期坚持体育锻炼，人们能够达到强身健体、丰富业余文化生活、提高体能与心理素质的目的，在这样的形势下，人们才有可能全身心地投入到社会主义现代化建设中，从而促进我国经济建设的发展。

第四章　普通高校体育教学内容的发展与改革

体育教学内容有着悠久的发展历史，并且随着时代的不断发展和进步，体育教学内容也发生了一定的改变。因此，要充分了解和认识体育教学内容，并且在此基础上对其发展进行深入分析，同时，还要与普通高校体育教学的实际情况有机结合起来，有针对性和目的性地进行改革，进而促进普通高校体育教学内容的优化，为理想教学效果的取得奠定良好的基础。

第一节　体育教学内容基本理论

一、体育教学内容的概念

以达到体育教学目标为目的而进行的体育知识和技能体系等方面的选择和运用，就是所谓的体育教学内容。

在体育教学中，教学内容的选择是教育者以教育的一系列要求为主要依据，通过对前人体育和教育实践经验进行综合的总结，按照教育原则，从丰富的体育技能理论当中精挑细选出来的。教学内容在教师与学生中间扮演着中介和媒体的角色，这就对教师和学生之间的信息交流起到重要的决定性作用。

从某种程度上说，体育教学内容对体育教学的效果和质量起到重要的决定性作用。

二、体育教学内容的特点

体育教学内容有着较为显著的特点，具体来说主要表现在以下几个方面。

（一）健身性

体育的一个重要功能就是增强体能、增进健康。体育教学内容学习的实质就是学生体育知识、身体练习和技能的学习。体育教学的主要目的，就是通过对身体练习的运动负荷量以及强度进行合理的安排，通过一定的手段加以调控，从而使学生的体质得到增强，变得更加健康。体育教学内容对于学生增强体质、增进健康的作用，是其他所有教学内容所不具备的。

（二）娱乐性

发展到现在，体育项目越来越多，而这些项目最早大都起源于各种游戏，然后经过长期的演变和发展而来。在体育教学中，各项教学内容也是如此，大都来自于体育运动项目，由此可以认定这种体育教学的内容必定带有一定的乐趣性和娱乐性。在体育教学过程中，这种运动娱乐性主要体现在克服困难、协同作战、争夺胜利、表现欲望等心理过程中，体现学生对新的运动的体验和对学习进步的成就感，体现在运动的环境、场地、比赛规则、比赛形式等变化和加工方面。当学生学习某项运动技术时，本身就会存在对这种运动本身乐趣性的追求动机，因此说体育教学内容本身就有一定的娱乐性特征。

（三）运动实践性

体育教学内容的实质是身体运动的一种实践，这是区别于其他教学内容的地方。体育教学内容可以说“是以有关身体运动的学习和身体运动的技能形成为主要培养目标的内容；是以运动为媒介,以大肌肉群的活动状态进行教育的内容”。体育教学内容的学习并不单单是学生大脑思维的活动,学生不光要对内容进行理解,并且要在实际上来进行运动学习以及身体练习。学生在参加体育学习的过程中,要通过运动中的肌肉本体感觉的形成与动作的记忆,来判断自己是否真正掌握了教学内容,因此在体育教学内容中,学生的学习是要将思维和行为联系起来的。所以体育教学内容的学习尤为强调练和做等实践行为,因而呈现出运动实践性的特征。

(四)教育性

对学生进行教育的载体就源自于体育教学的内容,所以在选择体育教学内容时,首先想到的就应该是它的教育性。

一般来说,体育教学内容的教育性主要从以下几个方面得到体现。

(1)对于大多数学生是较为适用的。

(2)有益于学生的身心发展。

(3)既有冒险性又比较安全。

(4)摒弃落后性,发展创新性。

(5)避免过于功利性。

(五)非逻辑性

相较于其他学科教学内容来说,体育教学内容的不同之处主要体现在,体育教学内容往往不存在一般学科教学内容之间清晰的由易到难、由简到繁的阶梯性结构,在逻辑结构上,没有明显的从基础到高级的体系,体育教学内容的排列并不是直线递进式的,而是复合螺旋式的。体育教学内容的组成是众多的相互平行的、可以替代的运动项目以及身体练习,其中有着丰富的体育与健康的理论知识。这种特性使得体育教学内容在选择时的灵活性更强。

（六）人际交往的开放性

体育教学内容有很多，但大多数内容的主要形式都是集体性活动，这种集体性教学活动与其他教学不同，往往是进行时空的变换。因此，在体育教学中对运动的学习、练习和比赛当中学生之间有着非常频繁的交往和交流，与其他学科的教学内容相比，体育教学内容在人际交往方面无疑具有更明显的开放性。体育教学内容正是由于人际交流的开放性特点，教师与学生之间、学生与学生之间的关系才能够更加密切而开放。在这样的情况下，通过体育教学内容的学习能够帮助学生有效地提高社会适应能力。

三、体育教学内容的层次

通常情况下，可以将体育教学内容分为两个层次，即宏观层面和微观层面，具体如下。

（一）宏观层面

从宏观层面来看，体育教学内容主要包含上位层次（国家课程和教学内容）、中位层次（地方课程和教学内容）和下位层次（学校课程和教学内容）三个层次。

1. 上位层次

在体育教学中，上位层次的教学内容主要是由国家教育行政部门规定的各种教学内容，其国家对教学方法进行的行政规划和管理，体现着国家的意志，各个学校都必须以之为依据开展教学活动。

在体育教学内容的开发上，一般具有专门性，目的是使未来公民接受基础教育之后达到一个共同体育素质。在对体育课程标准或教学大纲的制定以及教学内容的编写上，要根据不同教育阶段的性质与培养目标进行。一般来说，国家教育部门制定的课程和教学内容，要比地方体育课程丰富得多。因此，国家体育课程和教学内容在体育教学中起着主体性作用。

2. 中位层次

地方课程和教学内容是学校体育教学内容的中位层次。这一层次的教学内容是在国家规定的各个教育阶段的体育课程内来进行开发的。这一层次教学内容的开发必须结合当地的具体实际进行，其开发者大多为省一级的教育行政部门或授权的教育部门。地方体育教学课程和教学内容能够更好地适应当地体育发展的需要，适应当地体育发展的现状。其能够更加高效地利用当地体育和教育资源，因此其具有重要的价值。

3. 下位层次

学校体育教学内容的下位层次是学校课程和教学内容。这一层次的课程和教学内容具有多样性和选择性的特点，其中主体是学校的教师，以国家课程和教学内容、地方课程与教学内容为前提进行具体实施，并科学评估本校学生的特点和需求，对当地社区和学校的体育教育资源进行充分利用，以学校的办学思想为依据作为基础。在体育教学中，体育课程资源的开发要以国家教育方针、国家或地方体育课程和教学内容等为依据，教学内容的设计要体现出独特性和差异性，要满足每名学生的体育需求。

上位层次、中位层次和下位层次三方面的体育教学内容共同构成了我国的基础体育教学的内容体系，它需要国家教育部门、地方教育部门以及学校三者的协调努力，这样才能够促进体育教学内容的科学化发展。

（二）微观层面

课程是以教学内容为载体而实现的，以教学内容论的观点为主要依据，教学内容包含着多层意义。以教学内容的具体化的程度为依据，可以将体育教学内容的微观层次分为以下几个方面。

1. 第一层次

微观层面的第一层次即为体育课程标准所示的学习内容,以体育与健康课程标准规定为例,运动参与、运动技能、身体健康、心理健康、社会适应五个学习领域即从这一层次进行的分析。这种分析实际上是活动领域的一种表述,并非常规意义上的体育教学内容。

2. 第二层次

第二层次是第一层的具体化形式。从某种角度说这是能力目标分析,也不是通常意义上的体育教学内容,如体育与健康课程标准明确的水平目标:获得运动的基础知识,说出所做简单运动动作的术语(转头、侧平举、体侧屈、踢腿等)。

3. 第三层次

这一层次指的是教学中需要具体运用到的硬件与软件等物质设施,也就是说,属于普遍意义上的教学内容教具,比如篮球、足球、体操、武术等运动项目,以及与这些项目相关的场地器材。这一层面是常规意义上所说的体育教学内容。

4. 第四层次

这一层次是具体的练习方法手段,即某项教学内容(如篮球)的下位教学内容。如练习教学内容(篮球运动的各种练习方法)、游戏教学内容(与篮球运动关系密切的游戏)等。

四、体育教学内容的分类

体育运动项目有很多,其内容也异常丰富,因此在将这些内容进行分类时,采用何种逻辑分类就成为一个重要的课题。合理地对体育教学内容进行分类能够使教师和学生更加深刻地认识体育教学内容,从而更好地参与到学习之中。

目前,关于体育教学内容的分类方法大致包含以下几大类。

(一)以体育教学目标为依据进行划分

依据教学目标进行分类,可以分为掌握体育运动技能的练习、掌握科学锻炼方法的练习、提高安全意识与能力的练习、发展体能的练习、发展学生心理素质的练习、提高学生社会交往能力的练习、提高基本活动能力的练习等。这种分类也是体育教学中一种比较常见的教学内容分类方法。

这种分类方法能够使根据多种目的的身体练习进行人为的规定得以实现,能够使教学内容具有一定的目的性,对于打破陈旧的、以竞赛为目的的教学内容编排体系也非常有利,从而保证学生能够学到比较多的体育教学内容。

(二)以体育的功能为依据进行划分

此分类方法是根据我国体育课程相关的文件,以三维健康观、体育的本质特征、体育与健康课程等五个领域的目标为依据对体育课程的内容体系进行了重新构建,体育教学内容被划分为包括运动参与、运动技能、身体健康、心理健康以及社会适应五个方面。

(三)以人体基本活动能力为依据进行划分

依据活动能力进行分类,也就是按照人的走、跑、跳、攀登、负重等进行分类,进而重新分类组合各种各样的运动项目和身体练习的方法。这是在体育教学实践中比较常见的一种分类方式。

这种分类方法比较灵活,不会受到正规的体育运动项目条框的限制。所以,这种方法在有利于组合教学内容的基础上来对学生的各种身体动作和发展基本活动能力进行发展,所以这种分类模式对于低年级的学生比较适合。但这种分类在学习掌握体育运动技能、发展体能等方面的局限性比较强,对于高年级学生来说,其要求往往无法满足,容易使高年级学生缺乏体育运动的动机。

(四)以身体素质为依据进行划分

发展学生身体素质是体育教学的目标之一。依据身体素质进行分类,是一种按照力量、速度、柔韧、灵敏、耐力,或者是按照与动作技能相关的体能,力量、速度、灵敏、平衡、协调、反应时间;或者是按照与健康相关的体能,身体成分、肌肉力量、心肺耐力、肌肉耐力、柔韧性等进行分类,进而对各种各样的运动项目和身体练习进行重新分类组合。

这种分类方法具有较强的针对性,对于学生正确认识各种体育运动项目与身体练习以及对体能的发展相当有利,同时还能够有目的、有针对性地发展学生的体能。但此分类方法也有一定的弊端,那就是在体育运动项目当中,许多项目并不是以提高某一方面身体素质为前提的,因此对待这类项目时这种分类方法显得比较模糊,而且这种分类方法使学生对体育教学内容的文化特性的认识上容易陷入误区,造成学生对体育运动文化方面的认识不足。

(五)以运动项目为依据进行划分

这是按照各个运动项目的名称和内容而进行具体的系统分类,大致可以分为球类、体操、田径、武术、体育舞蹈、冰雪运动、水上运动等,对各式各样的运动项目以及特点加以详细的划分。这是体育教学中最常见的教学内容分类方法。

这种分类方法在各个方面都更加容易理解,对于学生了解和掌握体育运动文化具有非常大的帮助。但是这种分类方法将导致在教育上可能有突出作用,但并没有被列入正规体育比赛项目当中的一些运动项目被忽略,而且即使在正式比赛的项目当中,也可能由于规则、技能等方面具有相当高的水平,对于学校体育教育并不相符,所以如果将其纳入体育教育内容当中必须进行一定程度上的改造,但经过改造后,这类教学内容往往会与本来的运动项目出现非常大的差异,在内容上更加难以判别,会对学生在运动项目的理解和掌握上造成非常大的影响。

（六）综合交叉分类

综合交叉分类是一种将基本部分与选用部分、理论与实践教学内容、各项运动的基本教学内容与提高身体素质练习教学内容等相互交叉的综合分类方法。

这种分类方法能够准确地将不同学生的不同年龄阶段身心发展特点和对学生学习的基本要求反映出来,对达成体育教学的目标有非常突出的作用,在有助于保持运动项目的固有特点和系统性的基础上,同时增强学生进行身体锻炼的实效性,从而在体育教学内容的运用中使运动项目的技术和学生身体素质的练习同时发展,相互配合。但需要注意的是,这种分类方法无法用同一标准进行衡量,在某种程度上会导致一定的混乱。

从上述内容中可以得知,对体育教学内容的分类方法是多种多样的。体育教学内容的分类可以分成不同的层次,在不同的层次可运用不同的分类方法,但是在同一层次上则必须采用同一个分类标准进行分类。

第二节　体育教学内容的编排与选择

一、体育教学内容的编排

（一）体育教学内容的编排方式

体育教学内容的编排当中,存在循环周期的现象。这里所说的循环,是指在同一教学内容当中,不同的学段、学年等范围当中进行的反复的重复安排。这种循环的周期有的是课,有的是单元,有的是学期，有的是学年，甚至有的循环是在某一个学段当中。以跑步为例，一节体育课上要进行 100 米跑，下一次课当中仍要进行 100 米跑就是以课为周期的循环。在一个学期内安排 100 米跑，在下一个学期内的课程上仍安排 100 米跑就是以单元和学期为周期的循环。因此根据以上理论，我国体育教学学者以不同的内容性质为主要依据而对体育教学的内容的编排进行层面的划分。具体来说，可以划分为以下四个层面，每个层面都有其各自的编排方式。

（1）“精学类”教学内容——充实螺旋式。

（2）“粗学类”教学内容——充实直线式。

（3）“介绍类”教学内容——单薄直线式。

（4）“锻炼类”教学内容——单薄螺旋式。

由此可以看出，体育教学内容的编排方式主要有两种：一种是螺旋式；一种是直线式。具体如下。

螺旋式排列。体育教学内容的螺旋式意味着，当某项运动项目的教学内容的有关方面在不同年级重复出现时，逐步提高教学要求的一种排列方法。

直线式排列。与螺旋式教学内容的排列方式不同，直线式教学内容的排列意味着，学习了某一体育运动项目和身体练习的相同内容，基本上不再重复出现。

以上编排方式很好地满足了新课程标准中对体育教学内容的要求，并以体育教学内容当中的自身理论为主要依据，与当前体育教学内容当中的各种情况的现状有机结合起来，创新地将各个方面的内容合理编排在体育教学教学中，所以在未来很长一段时间内，这种编排方式的实用性都是非常强的。

（二）体育教学内容编排的注意事项

在进行体育教学内容编排时，需要对以下几个方面的事项进行充分的考虑。

1. 要对学生的基础与实际需要进行充分考虑

体育教学的对象是学生，因此，为了使得体育教学的内容更好地符合学生的实际需求，促进体育教学质量的不断提高，应使得体育教学的内容与学生的实际情况和实际需求相适应。在进行体育教学时，教师不应仅仅片面地考虑体育运动和身体练习本身的难易程度，还应依据学生的实际需要、学生的体能和运动技能基础以及其生产发展的阶段特征等方面来进行体育课程内容的安排。

2. 要对不同的体育运动和身体练习的特征加以重视

在对体育教学的内容进行编排时，应注重各种运动技能的学习、改进、巩固、提高和运用。教师在课程安排时，并不仅仅为了让学生懂得相应的知识，更应该注重相应的知识的运用。

二、体育教学内容的选择

（一）体育教学内容选择的依据

在选择体育教学内容时，应该按照相关的依据进行有针对性地选择，具体来说，选择体育教学内容的依据主要有以下几个方面。

1. 按照体育课程目标进行选择

体育课程内容在实现体育课程目标的过程中存在的方式是手段，而不是目的。体育课程目标存在多元性的特征，体育运动项目和身体练习也具备可替代性的特征，这就使体育教学内容的选择变得更加多样性。

体育课程的目标之所以能够成为教学内容选择的重要依据，主要是由于体育课程目标在体育课程编制的过程中，在每一个阶段内都作为教学内容的先导和方向，所以它经过了多方专家的合理思考验证，对各个方面的影响都进行了认真合理的验证。因此，进行体育教学内容选择时，目标是必须遵循的，相应的体育课程目标对应着相应的体育课程内容。

2. 按照学生的需要及身心发展规律进行选择

在选择体育教学内容时，学生的需要是必须考虑的。体育教学以促进学生身心发展为目的，所以对体育教学内容进行选择的一个必要因素就是学生对于体育的需要和兴趣，这对于有效的学习是非常重要的。学习需要学生的主动参与，而主动参与就是说，学生自身积极和努力是必不可少的。通常学生如果面对感兴趣的事情，那么其参与的动力就会大大增加，学习的效率也将倍增。这非常符合一些教育学者所提出的观点：如果学习是被迫的而不是学生出于兴趣而进行的，那么学习从某种意义上来讲可以说是无效的。调查结果也非常符合这一说法，那就是如今大学生虽然非常喜欢参与课外体育课程，但对于体育课却是兴味索然，最重要的因素就是教学内容缺乏趣味性。

学生对教学内容的接受程度取决于其身心发展规律以及特点，因此从这个角度来说，体育教学内容必须使学生可以接受，并且感兴趣。所以进行体育教学内容的选择时，学生的特点就决定着教学内容当中的各项要素，绝对不能忽略学生的实际情况。

3. 按照社会发展的需要进行选择

学生的个体发展无法脱离社会的发展。因此，体育教学能够在健康方面为学生打下良好的基础，所以在进行体育教学的内容选择时，除了考虑学生本身的需求，社会现实发展的需求也必须被考虑进去。体育内容在选择方面不能够忽视学生走向社会后发展所必需的体育素质，所以体育教学内容必须能够满足学生在社会发展当中各方面的需要。除此之外，体育教学内容必须做到与社会生活和学生生活联系在一起，这样才能让学生体会到它的作用，其功能才能得以实现，因此，体育教学内容的选择与社会实际相符是非常重要的。

4. 按照体育教学素材的特性进行选择

在体育教学内容的选择上，最重要的要素就是体育教学素材，体育素材有着较为显著的特性，具体来说，主要包括以下儿个方面。

（1）内在逻辑关系性不强

没有非常强的内在逻辑关系性是体育教学素材的最大特性，这种特性使得体育教学内容的选择无法完全按照难易程度和学生素质来进行。因此体育教学内容往往只是以运动项目来进行划分，但各个教材内容之间的关系是平行和并列的，比如篮球和足球、体操和武术。表面上看似有联系，但这种联系并非能够分得非常清晰，而且并没有先后顺序，我们也无法判断其中一个运动项目究竟是不是另一个运动项目的基础。所以在这里是无法确定教学内容内部的规定性和顺序性的。

（2）具有“一项多能”和“多项一能”的特点

所谓“一项多能”，就是指通过一个运动项目，能够达到非常多的体育目的，这就是说，在这个项目中有着目标多指向性的特点，以健美操为例，有人利用这个项目来锻炼身体，有人用这个项目进行娱乐，同时这个项目还有表演的作用。在很多情况下，进行健美操运动往往能实现多个功能，这就是说，学生掌握了一项运动之后，就能够实现多种目的。“多项一能”则突出了体育教学内容之间的具备相互的可替代性。比如像从事投掷练习，可以扔沙袋，投小垒球也能够实现，推实心球也可以实现，推铅球也算是能够实现。想通过体育运动得到娱乐放松，可以踢足球，可以打排球，同样打篮球打网球也可以实现。这就是说，想达到目的并非只有一个项目可以实现，不同的项目同样能够做到。正是由于这个特性的存在，使得在体育教学内容中没有无可或缺的项目，使得体育教学内容并不具备强烈的规定性。

（3）数量庞大

庞大的数量使得其内容相当庞杂，并且在归类上存在一定的难度。人类文明自诞生以来,创造出的体育运动项目数不胜数、丰富多彩,并且每一个运动的技能对于练习者的身体素质都有着各种各样的要求。鉴于这个原因,没有哪个体育教师能够精通全部的体育项目,因此体育教师的培养才要求一专多能,体育课程的设计者也很难寻找到最合理的运动组合运用到体育教学内容当中,也几乎不可能编写出适合所有地区和教学条件的教材。

(4)不同项目乐趣的关注点不同

以篮球和足球为例,其乐趣就是在激烈的直接对抗中,通过娴熟的技术和精妙的战术配合而得分。再如,在隔网类运动当中,其乐趣则是双方队员在各自的场地中通过巧妙的配合,而将球击到对方场地而得分。因此,体育运动都有各自乐趣的特性使得体育教学内容的选择上乐趣是无法忽略的内容,这同时是快乐体育理论存在的事实依据,并且这一理论在体育改革进程中产生关键影响。

(二)体育教学内容选择的原则

选择科学合理的体育教学内容,不仅要有一定的依据,还要遵循一定的原则,具体来说,选择体育教学内容应遵循的原则主要有以下几个方面。

1. 科学性原则

进行教学内容的选择时,首先要遵循的原则就是科学性原则,具体来说,可以从以下几个方面来对体育教学内容选择当中的科学性进行深入的理解。

(1)教学内容的选择必须对学生身心的协调共同发展有利。要注意,一些内容虽然有利于学生身体健康,但对于学生的心理健康并不合适,反之,同样可能出现这种状况。因此,教学内容的选择必须使学生开心的同时对身体的发展起到积极的促进作用。

（2）教学内容同时也要使得学生能够从根本上对科学锻炼的原理和方法有一个深入的了解，这种了解能够使学生从事体育锻炼时的自觉性和积极性得到进一步提高。

（3）教学内容本身的科学性。在今后，国家对体育教学内容的选择的限制放开，不做具体的规定，因此这就要求必须对一些科学性不够强的体育项目作为教学内容进入课堂的现象进行有效地避免。

2. 趣味性原则

兴趣是最好的老师，因此在进行体育教学内容的选择时，根据学生的各方面特征尽量选择他们感兴趣的、有趣味的，并且在社会上比较流行的体育素材作为教学内容。毫无疑问的是，大多数竞技运动项目的健身价值和教育价值是不可低估的，但是，长期以来，体育教育工作者往往更加关注竞技运动项目教学的系统性和完整性，用培养运动员的方法进行体育教学，但却背道而驰，导致很多学生开始对体育课产生抵触的心理。

3. 教育性原则

在选择体育教学内容时，首先应从教育的基本观点对体育教学素材进行选择，对其是否与教育的原则相符，与社会的固有价值观是否同步进行分析。同时，还要对它是否有利于学生的身心发展和身体锻炼进行明确的分析。

在选择体育课程内容时，要求必须与体育课程的主要目标相匹配，确立“健康第一”的指导思想，并以此作为体育教学内容当中最基本的出发点，同时看重其中的文化内涵，在学生学习体育技能的同时更能深刻体会到体育文化修养带来的益处。学校体育在培养学生时应首先考虑对学生的品德、智力、体质等方面的全面发展是否有利，将理论与实际结合起来，在使学生了解人体科学知识的同时真正锻炼身体，还要从思想文化等方面下功夫，使其在双方面同时发展。体育教学内容的选择对于不同学段学生的发展特点和规律都要充分考虑到，其个体差异与不同需求将会在其中起到很大的作用,所以充分考虑能够确保每一位学生受益。进行体育教学内容的选择时,还要与各个方面的实际相符,从而确保选择时有足够的空间和灵活性。

4. 实效性原则

简单来说,所谓的实效性,就是判断某项体育教学素材是否实用,是否简便易行,是否有助于学生的身心健康。国家相关文件在教学内容的改革方面特别强调要对教学内容当中的"难、繁、偏、旧"以及教学过程过度地偏重书本知识的现状予以改变,在教学内容当中,加强学生生活和现代社会和科技发展当中的联系,对学生学习的兴趣加大关注,教学内容中的知识和技能要有利于学生终身体育的进行。所以在进行体育教学内容的选择时一定要兼顾选择与学生自身的体育学习兴趣和经验相接近的以及大众喜欢的、社会上比较普及的,同时强调运动项目的健身娱乐效果,为学生终身体育的发展奠定良好的基础。

5. 民族性与世界性相结合的原则

在选择体育教学内容时,要在保留我国民族传统体育当中的精华部分的同时,对国外好的课程内容选择的设置加以借鉴吸收。不能对自己民族的东西盲目自信,更不能有崇洋媚外的思想。体育教学内容的选择就应该与时俱进,体现当今时代中国的特色。

(三)体育教学内容选择的过程

选择体育教学内容,不仅要有一定的依据、遵循一定的原则,还要按照一定的程序进行。具体来说,可以将体育教学内容选择的过程大致分为以下几个方面。

1. 对体育素材的价值进行分析评估

选择体育教学内容前,体育教师应当对当今社会给予足够的关注,要从社会的生产生活、科技教育等发展的实际出发,考虑社会的发展对人的影响与要求,并以此为基点对现有的体育素材进行分析与评价,要对所选内容能否促进学生的身体健康,能否督促学生主动进行体育锻炼,能否提高学生的思想品质进行充分的分析论证,选用合适的教材内容实施教学。

2. 对运动项目与练习进行充分的整合

在体育教学中,不同的体育运动项目和身体锻炼形式会对学生的身心产生不一样的作用和影响。因此在选择体育教学内容时,要以本学校的体育教学目标为根本前提,在此基础上认真分析各个体育运动项目对学生身体功能的不同方面发展是如何促进的,然后将各个体育运动项目与身体练习进行整理与合并,并对其进行合理加工使之成为体育教学内容。

3. 选择的体育运动项目要有效

由于大多数体育运动项目都可以成为学校体育教学内容的基本素材,而且体育运动项目与身体练习所具有的多功能性与多指向性特点决定了它们具有很明显的可替代性。因此,学校体育教学内容在运动项目方面可选择性强。但是由于体育教学时间有限,不可能完成全部体育运动项目和身体练习的教学,因此,体育教师要以社会的需求与条件为依据,充分考虑不同阶段学生的身心特点与兴趣爱好,选出典型、常见的体育运动项目和身体练习作为学校体育教学的内容。

4. 对所选内容进行可行性分析

选好体育教学内容后,要对该体育教学内容的可行性进行分析,分析本地区地域、气候和本校的场地、器材等条件的制约与影响,充分考虑教学计划在这些特殊环境中的可行性,并保证各地、各校执行的弹性,为教师实施体育教学内容留下足够的余地。

第三节　体育教材化

一、体育教材化的概念

体育教材化是依据体育教学目的和学生发展的需要，针对体育教学条件将体育的素材加工成体育教学内容的过程。[1]

具体可以从以下几个方面入手，来对体育教材化的概念进一步理解和认识。

（1）体育教材化是将体育的素材加工成体育教学内容的过程。

（2）体育教材化是加工过程，而这个加工过程的成果就是体育教学内容。

（3）体育教学的目标和学生发展需要是这个过程的主要依据，体育教学条件也是重要依据之一。

（4）教材化的内容主要涉及教学内容的选择、加工、编排和媒介化等方面。

二、体育教材化的意义

体育教材化有着非常重要的意义和作用，具体来说，主要从以下几个方面得到体现。

第一，体育教材化能够将最符合体育教学目标和学生发展需要的那一部分内容选出来作为教学内容，从而使内容的庞杂和在选择上的无目的性的现象得到有效地避免。

第二，体育教材化通过加工，能够使体育的素材与体育教学的需要更加相符，从而使体育素材与体育教学内容之间的差异性得到有效的消除。

[1] 毛振明．体育教学论[M].北京：高等教育出版社，2005.

第三，体育教材化可以通过编排、配伍的工作，来进一步提高选出的但还杂乱的体育教学内容的系统性和整体性，从而将体育教学内容的教育作用更好地发挥出来。

第四，体育教材化可以通过物质化的工作，使编辑加工后的但还抽象的体育教学内容走近教学情景和学生，使体育教学内容更能成为体育教学的生动的载体。

三、体育教材化的基本层次

通常情况下，可以将体育教材化大致分为两个基本层次，具体如下。

（一）编制体育课程标准和编写教科书

通常情况下，国家和地方教育行政部门组织专家会负责这个层次的工作。具体来说，这个层次的工作主要包括从各种身体活动的练习中筛选出素材，进行教材的分类、加工、排列等。

（二）以课程标准和教科书为依据将教材变成学生的“学习内容”

一般地，学校的体育教研组或体育教师会对这个层次的工作负责。具体来说，这个层次的工作内容主要包括：以体育课程标准和教科书的要求和规定为主要依据，与所面对的学生的具体情况和教学条件的实际有机结合起来，把面对一般学生情况和一般教学条件的教材变成适合一个班的学生和本校场地设施条件的教材。

这两个层次之间的关系如图 4-1 所示。

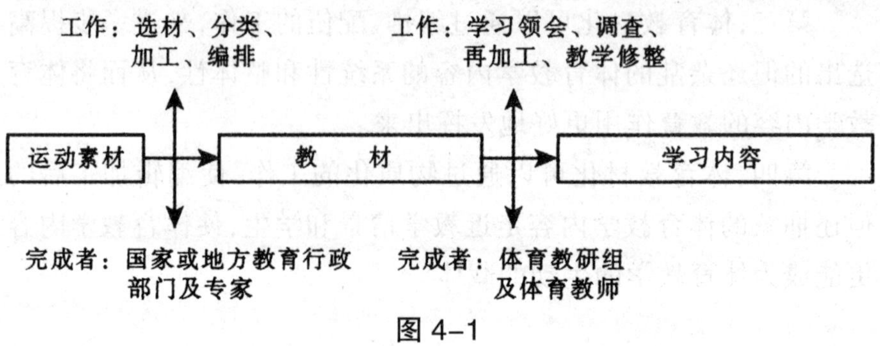

图 4–1

四、体育教材化的工作内容

体育教材化的工作内容主要有四个方面，即体育教学内容的选择、体育教学内容的编辑、体育教学内容的改造与加工、体育教学内容的媒介化。前两个方面的内容已经在上一节有所阐述，这里主要对后两个方面的工作内容进行分析。

（一）体育教学内容的改造与加工

选择出来的体育教学内容的素材，必须经过一定的加工和改造，才能够进入体育教学实践中加以应用。

在当前的教学实践中，许多体育教材化的有效方法和成功的范例出现并取得了一定的成效，这里重点对比较具有代表性的几种教材化的方法进行分析和阐述。

1. 简化的教材化方法

简化的教材化方法是指，将各种高水平、正规的竞技运动项目在各方面（包括竞赛的规则、技术、器材和场地等）进行简化，从而使其能够更好地适应体育教学活动的开展。这种方法是现代体育教学中对教学内容进行教材化最为常用的一种方法。通过采用这种方法，能够使得教学内容与学校的条件、学生的能力与需求、教学的目标以及教师的教学能力等各方面相适应，更容易进行教学操作。

2. 文化化的教材化方法

这种教材化方法是通过将竞技运动中的文化要素提取出来并加以强化，进而在教学中让学生通过各种文化性的要素来对运动文化的情调和氛围进行充分的体验。一般来说，这种教材化的方法适宜作为技能的辅助教学内容，对于学生体验和理解体育文化性质是较为有利的，这种教材化方法对于高中和大学的学生是较为适用的。

3. 理性化的教材化方法

理性化的教材化方法主要通过对各种运动项目所包含的各种运动原理和知识等方面进行充分的挖掘，并将其组织安排在教学过程中的一种教材化方法。这种教材化的方法适用于高年级的学生，能够使其更好地理解和掌握各种知识和原理，并能够在以后的学习中实现“举一反三”。

4. 变形化的教材化方法

这种教材化方法从基本结构方面改造原运动，使其成为一种新的运动。适应教学的需要和学生的特点是这种教材化方法的主要目的。当前，“新体育运动项目”就是这一类运动，这种教材化在处理那些高难度的运动项目或受场地器材制约很大的运动时往往能够取得理想的效果。

5. 生活化、实用化的教材化方法

实用化、生活化的教材化方法是多种小的教学方法的结合，还包括野外化、冒险运动化等方法。所谓实用化，就是使得教学内容与实用技能相结合；而生活化则是教学内容与日常生活相结合；野外化则是将正规的场地变为野外的非正规场地，或将各种场地运动转变为各种野外运动；冒险运动化就是增加一定的惊险性，激发学生的学习兴趣。这些方法能够与现实生活与其各种需求相结合，并使得教学内容的趣味性增加，从而能够更好地调动学生学习的积极性。

6. 动作教育的教材化方法

动作教育是一种体育教育思想和体育教材方法论，其是在欧美出现的。动作教育的教材化方法有着较为显著的特点，主要表现为将一些竞技体育运动以人体的运动原理为依据，将运动进行归类，并且提出要针对少年的教材设计，其中，比较典型的有教育性舞蹈、教育性体操。这种教材对于小学低中年级是较为适用的，其对于学生基本活动能力的形成是较为有利的。

7. 游戏化的教材化方法

通过一定的"情节"将各种单调的教学内容进行丰富和拓展，使其附有一定的游戏化成分，使得各种教学内容能够在轻松愉悦的氛围中被学生接受。这种方式能够改变教学内容单一、枯燥的特点，增强学习的效果。

8. 运动处方式教材化方法

以锻炼的原理为主要依据，对运动的强度、重复次数、速率等因素进行组合排列，并且结合学生不同的锻炼身体需要，组成处方进行锻炼和教学的教材化方法，就是所谓的运动处方式教材化方法。这种教材化方法对于教会学生运用运动处方锻炼身体是较为有利的，是一种不可缺少的教材化思想和方法。

（二）体育教学内容媒介化工作

将体育教学内容媒介化是体育教材化的最后一个工作。将选出、编集、加工和改造后的体育教学内容变成载在某种媒体上的教材形式，就是所谓的体育教学内容的媒介化。

体育教学内容媒介化动作的形式有很多种，其中较为主要的有教科书（包括学生用体育教材和体育教学指导用书）、音像教材、挂图、多媒体课件、黑板板书、学习卡片等。这里重点对多媒体课件和学习卡片进行分析和阐述。

1. 多媒体课件

教师以体育教学的需要为主要依据，用体育教学内容编辑成的计算机演示的系列材料，就是所谓的多媒体课件。当前，多媒体课件是体育教师常用的工具，究其原因，主要是由于计算机课件依靠计算机来演示动作，在速度调整、观看细节、多次重复演放以及视觉听觉的艺术效果等方面都具有教师的讲解、示范所无法达到的教学效果。

2. 体育学习卡片

体育学习卡片是体育教材的另一种载体形式。学生在体育课中使用的一种辅助性学习材料，就是所谓的体育学习卡片。这种形式比较适合体育教学特点。

体育学习卡片的作用和运用目的不同，其运用形式也会有所不同，其中较为主要的有以下几种。

（1）在体育教学中向学生提供学习信息

以教学的内容为主要依据，教师要将动作的图示、有关的要领、技术的重点、难点和辅助练习的做法等一些必要的信息补充给学生。通过这些辅助材料，来为学生准确地掌握动作的形象、概念和技术特点提供一定的帮助。除此之外，通过对一些技术难点的标示，还能够让学生在某些重要的技术环节的注意力得到有效的提升。

（2）在体育教学中对学生思索问题起到积极的促进作用

可以把合力、力矩、向心力、离心力、抛物线等一些概念性的问题通过公式、范例等形式展示给学生。通常来说，这些问题在体育教科书上是没有的，如果采用语言教学法，往往会出现词不达意的现象，这时候运用体育学习卡片就能够方便学生理解。

（3）在体育教学中对学生的互相交流有所帮助

在体育教学中，教师会要求学生在学习卡片上将自己在学习中的问题和进步以及对本班或本小组同学的情况分析写在卡片上的表格中，这样，不仅能够对同学技术动作观察能力的提高起到积极的促进作用，还有助于同学之间的情感交流，因此，对于同学的团队意识和负责任的态度的培养与建立较为有利。

（4）对学生自我评价有所帮助

在体育教学过程中，教师会要求学生将当时的学习感受、体会写在卡片上，这样，就能使学生在课后也能通过卡片来对自己课上学习情况进行总结，并且做出较为客观的评价，将上节课和下节课有机地联系起来，增加了单元教学过程的完整性。

（5）有助于师生进行交流

对教师上课情况的看法和建议以及存在的问题、疑问、发现，也写在学习卡片上，这样做能够使教师对教学情况有一个充分的了解，以此为依据，教师可以适当调整教学形式或者方法，从而使教学效果得到有效的提高，同时，师生之间的感情也会得到进一步增进。

（6）对学生在课中进行自学有所助益

自学是体育学习的重要环节，学习卡片还可以作为学生自学的重要工具，使教科书的不足之处得到有效的弥补。

第四节　高校体育教学内容的发展与改革

一、高校体育教学内容的发展

（一）高校体育教学内容的发展现状

从当前的形势来看，我国高校体育教学内容的发展现状主要从以下几个方面得到体现。

第一，从当前的形势来看，体育教学内容的数量正在不断精简，而难度在不断增加，体育运动的技术含量越来越高，这就要求有专门训练的高素质的体育教师来传授。

第二，体育教学内容中的娱乐因素逐渐减少，相较于此，学生在体育课中的实际练习和“炼”的因素则有一定程度的增加。

第三，发展至今，竞技体育的发展速度非常快，竞技体育事业成为各个国家和地区发展体育的重点，相比之下，正规化的、科学化的竞技体育运动，尤其是学校竞技体育运动正逐渐取代以往传统的体育教学内容，成为新型的体育教学内容。

第四，体育教学内容所需要的运动器材越发正规。由此可以看出，高校对学生开展体育课的安全问题的重视程度越来越高。

（二）高校体育教学内容的发展趋势

高校体育教学内容的发展趋势可以大致归纳为以下几个方面。

1. 对终身体育目标的要求进行充分考量

高校学生终身体育观念的建立和形成，高校体育在其中起着至关重要的作用。终身体育目标的达成取决于学生参加体育所需的技能、知识和态度。所以教学内容应当更加注重健身性、运动文化传递性与娱乐性，在健身价值和终身运动性强的运动项目中间做出选择。

2. 更加注重体育运动的规律性

以往在选择体育教学内容时总是根据各个体育项目中的逻辑关系进行选择，但事实是体育教学内容的逻辑性几乎是不存在的，所以这种方法是不科学、不合理的。因此，在未来选择体育教学内容时，要注重寻找体育学科当中内在的一些规律，体育课程中的内容挑选往往都是学生喜欢的，富有时代性的，并且根据年龄和学段的不同，在教学内容上加以区分。

3. 学生价值主体受到的重视程度越来越高

受各方面因素的制约和影响，体育教学内容的选择并不是一蹴而就的，需要综合各个方面的因素进行考虑。在过去的体育教学大纲中，体育教学内容的选择与确定往往更重视教育工作者对于教学内容的价值取向，因此重视的仅仅是教师的教。而随着体育教学改革的进行，越来越多人开始重视学生对体育教学内容的价值取向，所以根据学生的学而进行体育教学内容的选择的方式更加普遍。

4. 更加注重教学主体发展的全面性

在传统体育教学理念和模式下，以往的体育课程大都是以提高学生跑、跳、投等身体素质为目的的一种体能达标课。新的教学改革大纲出台之后，学校教育往往更加强调素质教育，因此学校对于学生素质的全面发展肩负着无比重大的责任。因此在选择与确定体育教学内容时，同样要符合素质教育的要求，使学生在身心方面都能获得全面的发展。

5. 不断引进民族特色项目

通常情况下，富有趣味性和新奇性的运动项目总会受到广大学生的青睐，因此在选择与确定体育教学内容时也要注重推陈出新，改革与发展一些新颖的运动项目。除此之外，我国多民族的特性决定了各个民族都有出色的民族特色体育项目，这些民族项目既各具特色，又有良好的健身价值，在体育教学内容的选定中应适当根据具体情况加以选用。

二、高校体育教学内容的改革

（一）高校体育教学内容改革中存在的问题

目前来看，在我国体育教学内容改革与发展的过程中存在着以下几个较为明显的问题，需要引起一定的重视。

1. 体育教学内容繁多且较杂乱

当前我国的体育教学内容繁多并且较为杂乱，看似重视学生的全面发展，但实际上，这些教学内容在规定的授课时数内很难教完。即便教完，也只是一些综合性的表面知识，并不会让学生对所学的运动项目有一定深刻的认识,更不利于学生对运动项目技能的掌握。

2. 体育文化知识含量少,缺少以健康为主题的教学内容

高校中的体育理论知识包含的内容有很多,比如,较为主要的有奥运知识、体育道德风尚、体育人文精神、体育文化欣赏等。但是实际情况则是,各大高校中适应大学生的理论知识体系并没有形成,更没有纳入体育教学内容中,且与此相关的部分教学内容针对性和实用性不是很强,这就使学生体育文化的学习与认识在很大程度上受到制约。

3. 体育教学内容过于陈旧和单一

长期以来,我国学校体育教学一直在强调体育教学内容体系的完整性,从而忽略了一些前沿性和现代性的内容,显得运动知识和技能过于陈旧,没有与时俱进,让学生产生枯燥乏味的感觉。

此外,尽管当前的体育教学中各种健身和娱乐的体育教学内容不断涌现,但受到一些教学思想的限制,教学内容的改变性和开放性始终得不到体现,体育教师在教学实践中很难重新对教学内容进行选择,进而使得学生喜欢的、渴望参加的内容好似永远也不可能成为学校课堂的教学内容。

(二)高校体育教学内容改革的思路

针对当前高校体育教学内容的发展情况和改革中出现的问题,为了更好地促进高校体育教学内容的完善,需要对此进行进一步的改革,其中,可采纳的基本思路主要有以下几个方面。

1. 遵循以人为本的思想,满足体育教学主体的需求

首先要将指导思想确定下来,然后再对教学目标及目标的内涵进行准确的定位。同时,还要与高校教学的实际情况有机结合起来,以学生的主体需要为出发点,有针对性地对体育教学内容进行选择。当前,高校体育主体的需要已经发生了较大的变化,

因此，体育教学的内容也应该适应这种变化，有针对性地增加健美、舞蹈、韵律体操、轮滑等一些趣味性强的项目，这样不仅能够使教学内容得到进一步丰富，还能够更好地调动学生参与学习的积极性，满足学生的需求。

2. 要对隐性体育教学内容引起重视

作为体育教学内容的一个重要组成部分，隐性体育教学内容也包含着很多具体的方面，其中，较为主要的有道德修养、体育精神、思想作风等无形的内容。对学生的纪律观念、集体观念、社会道德水平和意志品质进行积极有效的培养，能够对学生产生潜移默化的影响，这对于学生体育文化素养和体育道德水平的提高有着积极的促进作用，同时，这对于学生更好地适应激烈竞争社会也有所助益。

3. 增加健康教育的内容

教学内容充分的健康化，充分提取、利用教材中的健康教育因素，实现体育与健康教育的结合。在选择教材内容时，为了能够有效完成增强学生体质的重要任务，高校体育需要在体育教学内容中增加有关健康教育的相关内容，具体来说，就是要增加那些学生乐于参加，并且对学生身心健康有利的体育项目，而将难度大、重复多且单调枯燥、学生不感兴趣的项目删除。要以学生身心发展的特点以及知识和能力的水平为主要依据，来对教学内容进行有针对性的安排，从而使教学内容的实用性和趣味性得到有效提高，将学生的学习兴趣有效激发出来。

第五章　普通高校体育教学方法的发展与改革

在体育教学过程中,教师选择的体育教学方法对学生学习兴趣的激发、体育教学目标的完成、体育教学的实际效果等均产生重要影响,所以发展和改革体育教学方法尤为重要。本章从体育教学方法基本理论、体育教学方法的选择与应用、体育教学方法的发展与改革三方面进行解析,进而对体育教学方法进行多维度、深层次的阐述。

第一节　体育教学方法基本理论

一、体育教学方法的含义

体育教学方法具体是指在体育教学过程中,为了达到体育教学目标和实现体育教学目的而由师生所采用的可操作性的教学方式、途径和手段的总称。针对体育教学方法的含义,可从以下几方面加以理解。

(一)体育教学方法是“教”与“学”的统一

体育教学方法是教与学的统一,只有师生之间实现有效的双边互动,才能够更好地发挥体育教学方法的价值与作用。体育教学活动可以简单理解为“教师的教”和“学生的学”两个层次的内容,教师和学生是教学活动的主体。体育教学方法和手段都是针对学生来选择与运用的，教师和学生之间具有密切的关系，在师生的双边互动中，体育教学的任务和目的逐步实现。因此，教和学两方面的内容贯穿于体育教学方法实施的始终。

（二）体育教学方法是师生动作和行为的总和

教学方法是在师生互动中得到贯彻与实施的，体育教学的方法也是师生之间行为动作总和的体系。体育教学的方法与其他科目教学方法的主要区别在于，体育教学方法在注重教学语言要素的同时，更加注重动作要素。体育教学过程中，各种动作的掌握和熟练都需要教师进行示范、讲解以及纠正，并在此基础上，学生重复进行练习，才能最终掌握相应的技术动作。因此，体育教学方法是教师和学生的动作和行为的总和。

（三）体育教学方法与教学目标不可分割

任何一种体育教学方法都具有一定的目标性，如果脱离了目标，那么体育教学的方法也就失去了其存在的意义。体育教学方法应与体育教学目的之间保持密切的联系，教学方法的实施应能够促进体育教学目标和任务的实现。因此，体育教学方法作为体育教学的重要组成部分，其服务于体育教学的目标和任务。体育教学方法和体育教学目标之间具有一定的不可分割性，如果将两者割裂开来，那么体育教学方法没有明确的方向，会表现出一定的盲目性；而体育教学目标和任务如果脱离了体育教学方法，则不能得到有效实现。

（四）体育教学方法具有多元化功能

现代体育教学不仅注重学生动作和技术的掌握，以及各方面身体素质的增强，它更加注重学生的全面发展。因此，体育教学方法具有多元化功能，其不仅能够在一定程度上促进学生运动能力的增强，还能够促进学生思想道德品质、心理素质等方面的发展,对于学生的全面发展具有重要的促进作用。

二、体育教学方法的分类

在现阶段,对于教学方法依然没有统一的划分标准和依据,一般将体育教学方法划分为教法类、学法类以及练法类三种类型。

(一)教法类

1. 知识技能教法

(1)基本知识的教法

基本知识的教学包括体育保健类知识以及体育的相关理论等的教学。体育基本知识的教学方法同其他学科的教学方法类似,这类教学方法进行分类时也较为复杂,根据不同的分类依据可将其分为不同的类别。

在体育教学过程中,教师在选择相应的体育教学方法时,要注意教学的情意活动和它的多功能作用的发挥,要将体育教学的基本知识与体育活动的具体实践密切结合起来,教学方法要具体可操作。

(2)体育技能的教法

体育技术技能的教学方法即为一般意义上的运动教学方法,这是体育教学方法中与其他学科的教学方法有很大差别的部分。在采用相应的体育教学方法时,应首先确定体育教学的目的。教师应首先明确教学的目的是使学生掌握运动技术技能,还是发展学生身体或是要达到其他什么目的。其次,应对体育教学的内容进行分析和处理,运用相应的动作教学方法来实现相应的教学任务。体育教学的目的以及体育教学的内容不同时,活动的方式也会有很大的区别,这时就需要采用不同的动作方法和策略。因此,体育技术技能教学方法具有灵活多变的特点,应根据具体的教学情况进行随机应变。

2. 思想教育法

思想教育法是对学生进行思想品德教育和美育的方法,这也是体育教学的重要任务之一。在开展相应的思想教育时,应结合体育教学的特点采用相应的教学方法,确保教学能够收到很好的效果。体育教学方法的运用要能够促进学生顽强拼搏的意志品质的形成,培养其团队协作的意识,要促进学生个性意识的发展,并促使其形成正确的价值观念和审美观,培养其探索性和创造性思维。

(二)学法类

学法类即为指导学生进行学习的方法,这也是体育教学的重要方面。在进行体育教学时,指导学生进行学习的方法应注重以下两方面内容。首先,应确保学生能够较好地掌握前人积累和总结的知识和经验,在继承的基础上求得发展;其次,学生应将相应的知识和经验与自身的个性特点相结合,从而最终形成终身体育意识与拥有相应的能力。

从整体分析,学法类的教学方法应使学生不仅能够掌握相应的知识和技能,还要使其愿学、会学,并且在以后的工作和生活中能够对所学的知识进行运用,使其养成良好的体育锻炼习惯。

(三)练法类

指导学生锻炼的方法是体育教学里面最具本质特征的方法。练法类教学方法对于学生的身体素质以及各项运动技能的发展具有直接的作用和效果,在教学过程中,学生应能够理解和感受身体运动时的各项体验。在教学过程中,具有众多的身体锻炼的方法,其效果也是因人而异。学生的学练法可划分为三个阶段,具体内容如下。

1. 第一阶段

第一阶段为建立动作技术的直观表象阶段,通过听、看、思、记等手段来实现相应的学习，具体方法有观察法、聆听法、探究法、形象思维法、归纳思维法、有意记忆法、理解记忆法、联想记忆法。

2. 第二阶段

第二阶段为运动技术的实施和矫正阶段，具体方法有模仿练习法、分解练习法、完整练习法、表象练习法、重复练习法、变换练习法、间隙练习法、游戏练习法、循环练习法等。

3. 第三阶段

第三阶段为动作技能的巩固和提高阶段，具体方法有强化练习法、提高难度练习法、比赛练习法等。

除此之外，在教学过程中，各种教学方法既可以单独使用，也可以进行有效的整合，从而形成一定的方法体系来运用。在教学过程中应使得学生明确各种练法的作用和意义，并把握不同练法之间的联系，从而能够自如运用。

三、体育教学方法的特征

（一）多种感官集体参与性

体育教学活动是感知、思维和练习三者的结合，因此，其教学活动也需要多种感官参与其中，这样才能够保证各项动作的顺利完成。体育教学活动的特殊性要求在体育教学过程中，所有参与者都需要动员身体的各种器官。具体而言，教师需要为学生进行相应的动作示范，并且对学生的动作进行必要的指导和纠正；学生则需要进行必要的准备活动，然后进行相应的动作练习。在学习过程中，参与者的眼睛、耳朵以及触觉和动觉等感受器官对运动的方向、用力的大小和动作的幅度等方面进行感知，学生通过自身和他人信息反馈控制身体完成正确的动作，形成正确的动作定式。

鉴于体育教学活动的上述特点，在进行体育教学活动时，教师应运用多种方法，有效调动学生的各种器官参与教学活动，以使得学生更好地掌握相应的活动。具体而言，在体育教学活动中，应引导学生进行认真学习，积极进行思考，注重动作技术的调节控制，并大量进行重复练习。对于学生而言，正确的体育教学方法能够最大限度地调动多个身体器官参与活动，从而帮助其掌握各种动作，实现学习目标。

（二）感知、思维和练习有机结合性

在体育教学过程中，学生的学习是一个复杂的认知过程，在这一过程中学生需要动用思维、感知、记忆和想象，并结合具体的身体练习最终实现动作的掌握。因此，体育教学方法也是感知、思维和练习相结合的过程，在结合的过程中，学生需要通过自身的信息接收器官将外界信息传送至大脑皮层，并运用大脑对各种信息进行整理、分析和加工，然后大脑指挥人体的各器官完成相应的动作；通过动作的不断重复，使得学生建立起相应的动力定型，实现动作的自动化，同时掌握相应的动作技术。在这个学习过程中，信息的感知是动作学习的基础，思维活动则是学习过程的核心，而练习是动作技术掌握的重要手段。体育教学方法的实施过程是认识与实践、心理与身体相结合的过程，是感知、思维和练习三者的有机结合。

（三）实践操作性

体育教学方法与一般的教学方法相比，最大的特点是实践操作性。体育教学方法必须与体育教学实践紧密相连，当然有些方法是室内学科教学方法的借用，如直观教学法、讲解法等，但这些方法必须根据室外体育教学的特点、环境、学生的队列等情况加以调整，否则就不能适应体育教学。

体育教学的主要方式是身体运动，身体运动是学生对自身身体的运动感受，具有“此时此地”的特点，因此，在选择与安排教学方法时，一定要根据体育教学自身操作活动的实践特点进行，而不仅仅是停留在理论层面上。只有结合实践操作的体育教学方法，才能让学生在掌握动作技术概念的基础上，通过身体实践活动达到掌握运动技能、促进心理发展的目的。同时，体育教学方法必须得到体育教学实践的检验，才能判断其教学方法是否有效。

（四）时空功效性

体育教学可以划分为不同的阶段，在不同的阶段内，有着鲜明的阶段特点，师生之间相互产生一定的影响。在教学的开始阶段，教师处于主导地位，随着时间的推移，学生的主体地位逐渐增强。

在教学过程中，教学方法和途径发挥了重要的作用。在开始阶段，学生学习动机、兴趣、欲望等的激发，需要教师运用合理的方法；教师通过讲解、示范等方法来使学生理解和掌握相应的知识和技能；学生在学练过程中，通过一定的方法来感知、理解和掌握相关的知识。总之，在体育教学的不同阶段，体育教学方法都发挥着应有的作用，这是体育教学方法的时空功效性特点。

（五）运动与休息合理交替性

在体育教学过程中，学生的大脑和身体通过一定的学习活动会产生相应的疲劳，造成学习效率的下降。尤其是高强度的身体运动对于学生的体能消耗较大，这时为了保证教学活动的正常进行，有必要安排相应的休息活动。

在学习活动中，学生通过一定的认知、理解和记忆后，就会有相应的脑力消耗；通过进行相应的身体练习，则会使得人体的能量消耗加剧，人体相应的器官出现一些疲劳症状，并且随着运动负荷的增加，其会对学习活动产生一定的消极影响。因此，体育教学方法注重运动与学习的结合，使学生的身体疲劳能够得到一定程度的恢复，保证其保持较高的学习效率。需要注意的是，这里的休息并不一定是指暂停相应的活动，也可能是一种积极性的休息——通过开展相应的轻松的活动，来达到身心的放松，帮助学生消除疲劳症状。安排休息时，应注重积极性休息和消极性休息的结合，使得休息能够更好地达到预期的效果。

（六）继承发展性

体育教学的方法是在长期的体育教学实践过程中逐步发展起来的，经过多年的积累、发展和创新，逐渐形成了内容丰富的体育教学方法体系。很多教学方法具有鲜活的生命力，经过多年的发展依然在教学过程中发挥着巨大的作用。这些有效的教学方法值得人们对其进行总结、整理和借鉴。在教学实践过程中，在继承传统的经典教学方法的基础上，一些新的教学方法不断被提出，使得体育教学方法的体系不断完善。需要说明的是，尽管体育教学的方法众多，但不应过于迷信现代化的教学方法，更不能对一些国外的教学方法进行刻板的模仿。教育工作者应在扬弃的基础上发展创新，在时代发展的大环境下，在体育教学具体实际的基础上，对教学方法进行开拓创新。

四、体育教学方法的价值

（一）有利于推动体育教学任务的实现

在体育教学过程中，体育教师与学生双方互动的连接点是体育教学方法。科学有效的体育教学方法有利于密切联系体育教学活动中的两个重要主体（教师与学生），这一连接有利于体育教学目标与任务的实现。倘若没有实效性的科学体育教学方法，体育教学任务就难以实现。

（二）有利于良好教学氛围的营造

合理恰当的体育教学方法能够提高学生参与体育学习的积极性，促使其学习动机不断得到激发，同时也有利于良好教学氛围的营造。良好的教学氛围反过来又有利于感染学生，引导学生主动参与学习，从而促进一种良性循环的形成。良好体育教学方法的科学运用，有助于提高学生对体育教师的信任度，从而乐意听从教师的引导而学好体育课程，这就使得体育教学过程的气氛变得十分融洽与和谐。

（三）有利于促进学生身心的全面发展

良好体育教学方法体现出一定的科学性特征，体育教师受到科学思想的感染与熏陶而采用科学恰当的教学方法进行体育教学，这对学生的身心发展是极为有利的。相反，不具备科学性与不恰当的体育教学方法所产生的消极影响会对学生身心的发展造成阻碍。在体育教学活动中，实施体育教学方法的过程通常也是学生对体育运动技术进行体验与锻炼的过程。所以，教师不仅要向学生灌输体育方法论的知识，同时也要引导学生的训练实践，促进学生身心的全面健康发展。因为体育教学活动特殊作用的存在，科学的体育教学方法也有利于培养学生的丰富情感、锻炼学生的意志品质。因此，科学的体育教学方法能够积极影响学生身心的全面发展。

（四）有利于体育教学质量的提高

科学的体育教学方法能够通过对各种有利的因素的充分利用来提高学生的学习兴趣与热情，引导学生充分发挥其主观能动作用，从而促进其学习效率的不断提高，最终促进体育教学质量的提高。

第二节　体育教学方法的选择与应用

一、体育教学方法的选择

（一）选择体育教学方法的依据

1. 体育教学目标

体育教学目标的主要特征之一是多层次性，身体发展目标、技能发展目标、知识发展目标、社会发展目标和情感发展目标等是体育教学目标的不同层次。为了实现不同的教学目标，应采用不同的教学方法。在体育教学中教学目标并不是孤立的，它是多种目标的综合，而每一单元、每一堂课目标的侧重点是不同的。因此，在教学过程中，应根据具体的课堂教学目标选择重点发展某一方面的教学方法。课时教学目标是体育教学总目标的具体化，这一目标具有很强的指导性。它既有相应的运动技能和运动理论方面的知识，也有心理和品质品格方面的内容，针对这些不同的教学目标，应选择与之相匹配的教学方法。

2. 体育教学内容

体育教学的内容与教学方法之间具有密切的关系，如对一些技术动作教学内容应采用主观的示范操作的方法，而对一些原理和知识结构方面的内容则应注重运用语言法进行讲解。不同性质的体育教学内容，应采取相应的教学方法。每一种教学方法为实现一定的目标而运用在某一教材内容时，其效果也会表现出一定的差异性。因此，在体育教学过程中，应注重教学方法的灵活性。

3. 体育教学环境

教学环境对教学方法的选择产生重要的影响。教学环境包括场地器材、班级人数、课时数等，同时，外界的社会文化环境也对教学环境产生重要的影响。教学环境必然会对教学方法产生制约作用。例如，一些直观教学方法需要借助一定的教学器材才能实现相应的教学目标，而学校体育教学资源的具体情况在一定程度上对教师采取的教学方法具有决定作用。

教师在体育教学过程中，应充分利用现有的教学环境，选择合理的教学方法，最大限度地利用现有的场地、器材条件。

4. 学生的实际情况

在教学过程中，教学方法的实施对象是学生，采用多种教学方法的最终目的是促进学生更好地学习。因此，在选择相应的体育教学方法时，应与学生特点及其实际情况相符合。学生的实际情况表现多方面的内容，包括学生的年龄特点、性别特征、身心发育状况以及相应的知识储备和学习能力等。

学生处于不同的年龄阶段，其身心发展过程也具有阶段性的特点。对于大学生而言，低年级学生和高年级学生的身心发展特点会表现出鲜明的差异性。另外，男女性别上的差异性也会导致其对于体育的态度有所不同，因此，应采取合适的方法，充分调动学生体育学习的积极性。学生的经验和知识储备以及其相应的学习能力也是教师选择不同的教学方法的重要依据。对于知识储备量较为丰富，已经掌握了基础的知识技能，并且学习能力较强的学生，其在学习新的体育技能时能够更快、更好地掌握。此时，教师可采用合理的教学方法促进学生的技能水平向着更高的水平发展。

5. 教师的自身素质

体育教师是各种教学方法的实施者，其自身的素质对于教学活动的效果产生重要的影响。体育教学如果能力和素质有限，则其将不能发挥相应的教学方法的作用，从而对教学活动产生消极的影响。因此，教师在选择相应的教学活动时，应对自身的专业素养、能力水平以及教法特点有着客观的理解。

通常情况下，体育教师所熟练掌握的教学方法越多，则其越能够根据自身以及学生的实际情况选择出最佳的教学方法。不同教师根据学生实际状况采取同样的教学方法，也会得到不同的教学效果，可见教师自身条件极大地影响着体育教学活动。所以，教师要有提高认识自身素质与教学风格的意识，并通过积极的学习增强自身的素质，尝试和掌握更多的教学方法。

（二）选择体育教学方法的要求

1. 一般性要求

相关研究表明，在对体育教学方法进行选择与配合时，应当考虑并达到几方面的一般性要求：第一，体育教学方法必须符合教学规律原则；第二，体育教学方法必须符合体育教学的教学目标；第三，体育教学方法必须符合体育教学内容的具体特征；第四，体育教学方法必须符合学生学习条件的可能性；第五，体育教学方法必须符合教师实际条件的可能性；第六，体育教学方法必须符合学校的教学条件，并且具备较为显著的功能与效果。

2. 具体要求

（1）体育教师要全面了解各项体育教学方法，倘若体育教师对各项教学方法没有做到深层次掌握，则选择就无从谈起。教师在了解体育教学方法时，不仅要了解动作技能形成的方法，而且还需了解传授体育知识的方法，另外，也需要了解发展学生个性、开展思想品德教育以及锻炼身体的方法等。教师只有全面了解与掌握多种体育教学方法，才能依照体育教学的实际要求，选择富有针对性和实效性的体育教学方法。

（2）教师要遵循多中选优原则，原因在于各项体育教学方法均有其自身的优势与劣势，均有其自身的独特性能，但是尚未有任何一项体育教学方法能够达到万能的要求。因此，教师在对体育教学方法进行选择时，必须达到全面了解与掌握体育教学方法的要求，随后才能结合体育教学的实际状况，在众多体育教学方法中选择出最能发挥其独特性能的教学方法。为了真正达到从中选优的要求，所有体育教师均需要建立一个具有个性化特征的教学方法“仓库”，以体育教学方法的具体性能为主要依据，将其编成系列（如将其编成卡片），将性能相同或者相近的体育教学编成一类，当教师需要选取适宜教学方法时即可从中选取。

（3）教师要采用比较的方式，从中选优。不同的体育教学方法能够实现相同的目标，至于使用哪一种教学方法的效果更佳，则需要教师对具体教学方法进行多方面比较，从而实现从中择优的目的。教师可以对每一小类或者每一类体育教学方法对学生理论知识的掌握情况，运动技能、身体素质水平、自身个性的发展情况，思想品德和行为习惯的培养情况进行认真分析与比较，充分考虑特定体育教学方法的适用范围和适用条件，具体教学方法解决哪些教学任务最为适宜，结合哪些教学内容最为适当，与哪些类型的学生最为符合，对教师和教学环境的具体要求等多项内容展开综合比较，逐级筛选，最终做出最为恰当的选择。倘若体育教师能够达到以下要求，则能够为高效运用体育教学方法奠定坚实的基础。

（三）选择体育教学方法的注意事项

1. 注意师生之间的协调配合

在体育教学过程中，教师和学生的默契配合是取得良好教学效果的重要保证。教学活动不存在没有“教”的“学”，也不存在没有“学”的“教”。因此，不管是何种教学方法，都应考虑到“如何教”和“如何学”两方面的问题。

在传统体育教学过程中，片面强调以教师为中心，教学方法也只是注重教师“如何教”的问题，而对于学生在教学过程中的作用则选择性地忽略了。例如，教师在动作示范时，只考虑动作的优美和协调性，而没有考虑学生的感受，从而使得学生的学习效果不佳，影响教学活动的开展。因此，体育教学方法的应用应考虑师生双方的合理配合，避免两者的脱节。这样，才能取得良好的教学效果。

2. 注意学生内部与外部活动的配合

学生的学习过程是内部活动和外部活动的综合体现，内部活动是学生的心理活动以及相应的生理生化反应等方面，外部活动则是其动作质量、情绪、注意力等方面。首先，在选择相应的教学方法时，应注重两者之间的配合；其次，在选择相应的体育教学方法时，应注重这两者之间的配合，教师应善于分析学生的内外活动变化，有机结合指导学生外部活动的方法与激发学生内部活动的教学方法，以促进学生主动积极地参与到体育学习中；最后，在选择体育教学的方法时，还应对多种教学方法进行对比分析，从而确定最佳的教学方法。在教学过程中，应明确不同的教学方法适应什么样的教学内容，能够解决什么样的教学问题，能够对什么样的教学对象起到更好的作用等。

3. 注意不同学习阶段的前后配合

学生在学习过程中，在不同的学习阶段会表现出不同的特点。体育教学方法的应用应考虑到学生学习知识的不同阶段的前后配合。例如，在动作学习过程中，应注重“模仿型”向“创造型”的过渡，并实现二者的有机结合。

学生的学习过程是由不了解到熟悉的过程。在学习的初始阶段，通常以模仿（模仿教师或他人）学习为主，之后，学生就会形成动作定式而完全摆脱模仿，从“模仿型”过渡到了“创造型”。这两个阶段之间具有一定的联系，又相互区别。因此，在运用教学方法时既要防止二者之间的互相代替，又要防止二者之间的割裂。

二、体育教学方法的运用

（一）体育教学方法的优化组合运用

1. 优化组合运用的原则

（1）最优性原则

不同的教学方法其特点、功能和应用范围都会有相应的差异性，各教学方法都有其优缺点。因此，在对教学方法进行组合运用时，会形成不同体系的综合教学方法，每一套教学方法都有其鲜明的特点。教师在进行教学方法的优化组合时，应根据实际情况，选择一套最符合实际情况的教学方法。教师在教学方法选择时，应从整体入手，将各种教学方法进行有机结合，充分发挥教学方法体系的整体功能。

（2）统一性原则

统一性原则要求教师在选择相应的教学方法时，应注重“教”与“学”的统一，使得两者之间密切结合，相互促进。如果只强调其中的一方面，则教学活动并不会取得良好的效果。另外，统一性原则还要求，在教学过程中，应将教学方法的多种功能充分地发挥出来，促进学生素质的全面发展。

（3）启发性原则

不管是何种形式的教学方法，其都应该能够更好地调动学生的积极性和自觉性，促进学生进行积极思考与探索，促进学生全面提高自身素质。在体育教学活动中，注重学生兴趣和动机的培养，发展其自主思维和学习的意识。

（4）创造性和灵活性原则

在选择体育教学方法时，应注重发挥教师和学生的创造性。应对教学方法进行积极的改进和创新，使其更加适用于自身的教学实践活动。只有这样，才能够使得教学方法的功能最大化，从而取得较好的教学效果。教师要对教学方法进行不断的发展和创新,这样才能与教学水平的发展相适应。

教学活动是一个动作的过程,教师在课前设计的相应教学方法可能在具体的教学实践中面临多方面的问题,这就需要教师进行灵活应变,根据实际教学情况,对所选的体育教学方法进行灵活的、创造性的运用。

2. 体育教学方法优化组合的程序

(1)进一步明确体育教学任务

选择不同的教学方法要以教学任务和教学目标为主要依据。因此,应将一节课的具体教学任务进行分析和细化,制定出相应的详细任务规划。

(2)联系实际情况将总体设想提出来

通过对教学任务、教学内容、学生的具体情况以及教学的外部情况等进行分析,对相应的教学方法进行评估和分析。在提出教学的总体设想时,应将教学方法的可行性和适用性充分考虑进来。

(3)对多种体育教学方法加以优化组合

制定教学方法和教学方法的具体方式和细节表,对于各种教学方法进行分析,并对其不完善的地方进行相应的补充。在此基础上,将优化组合后的教学方法应用于具体教学实践过程中。

(4)对优化组合的教学方法实施与评价

在体育教学过程中,应对教学方法产生的效果进行跟踪了解,可通过学生反馈的形式了解具体情况。对于教学方法的反馈信息进行归纳和分析研究,并对教学方法做出相应的调整。在以后的教学过程中,要不断地总结经验和教训,促进教学方法的不断优化。

(二)常见体育教学方法的具体运用

常见体育教学方法主要有语言教学法、直观教学法、完整教学法、分解教学法、预防与纠错教学法,其具体运用如下。

1.语言教学法

语言法即为在教学活动中,教师通过对学生进行语言指导,从而达到相应的教学效果的方法。作为一名教师,能够正确、简明、形象地使用语言,对于学生的学习和教学工作任务的完成具有重要的意义。正确地使用语言,不但能够使学生更好地理解相应的学习目标和任务,还能够促进其对相应的知识和技能进行快速掌握。由此可知,在体育教学过程中,教师应注重语言法的运用,注重语言的技巧。大多数学校体育教学中,语言法的运用形式有讲解、口头汇报、口头评价以及口令和指示等。

(1)讲解法

讲解是指教师将相应的动作要领、方法和规则要求等方面的知识向学生进行说明,其目的在于更好地指导学生进行相应的运动技能的学习和掌握。讲解法是较为常用的教学方法,在运用时,应注重以下几方面的问题。

首先,要明确讲解的目的,根据教学的目标、教学内容和学生特点进行讲解。在讲解过程中,应对自身的语速、语气进行调节,并抓住教学内容的重点和难点,具有一定的目的性和针对性,这样才能够使学生明白哪些是重点和应该着重理解的方面。

其次,在进行讲解时,应注重其内容的正确性,不管是具体的工作原理还是相关的基本知识,都应做到准确无误。另外,还应注重讲解的方式要与学生的学习情况和学习能力相适应,使学生能够更好地接受相应的知识。

再次,为了更好地使学生理解相应的技术动作,讲解要做到生动形象、简明扼要。具体而言,在讲解过程中,应注重将新的技术动作和知识内容与学生已经了解和熟悉的内容联系起来,使学生更好地理解相应的动作技术。另外,教学时间有限,学生的注意力集中程度也会随着学习时间的延长而有所下降,因此,应抓住重点,简明扼要地进行讲解。

然后,在内容讲解过程中,一些知识体系和动作技术不能将其孤立起来，要注重启发学生的发散性思维和创造性思维，使学生能够触类旁通、举一反三，更好地理解相关的知识，达到学以致用的目的。

最后，在进行讲解时，还应注重讲解的时机和效果。在讲解相应的内容时，首先应选择合适的站立位置，确保每个学生都能够听到相应的内容。另外，给学生进行讲解时，应充分调动其好奇心和积极性，如此才能取得更好的效果。

（2）口头汇报法

口头汇报是教师了解教学效果的一项重要方法，这种方法要求学生根据教学需要，向教师表述学习心得和有关教学内容、方式和疑难问题等相关方面的问题。通过学生的口头汇报，能够使教师明确自身在教学过程中的不足，为教师提高和发展自身的教学水平提供相应的依据。对于学生而言，通过这种方式不仅能够培养其语言表达能力，还能够促进其进行积极的思考，加深其对于教学内容的理解。因此，在教学过程中安排相应的口头汇报不仅有助于教师和学生素质的提高，还有助于整体教学质量的提升。

（3）口头评价法

口头评价同样是一种重要的语言方法，对于学生的动作完成情况以及课堂表现给予相应的口头评价，能够更好地促进学生的学习。

口头评价包括积极的评价和消极的评价。积极的评价即为对学生的正面鼓励，这能够在一定程度上激发学生的积极性，促进教学活动的更好开展；消极评价则是否定性的评价，这种评价往往指出学生的不足，明确其提高的方法和努力的方向，用这种方式时应注重语气和口气。

（4）口令、指示法

在体育教学过程中，需要借助多种口令和指示，如“立正”“跑”“转体”等。这些语言简短有力，能够很好地指导学生进行相应的技术动作的学练。需要注意的是，运用这些口令和指示时，应注意把握其时机和节奏，否则会造成学生动作的不协调和出错。另外，还应注重发音的洪亮有力，不仅要使学生能够清楚地听到，还应给学生以势在必行之感。

2. 直观教学法

直观法是体育教学中较为常用的一种教学方法。通过相应的直观的方式作用于人体的感觉器官，引起相应的感知，从而实现体育教学目的。在实践过程中，人们认识事物时都是首先从感觉器官的感知开始的，因此，直观教学法能够使得学生更易于理解相应的教学内容。直观教学法的运用形式主要包括动作示范、条件诱导、多媒体技术、教具和模型的演示等。

（1）动作示范法

动作示范是指教师采取一些示范动作使学生对技术动作的形象、结构和要领进行掌握的基本方法。通常在进行动作示范时，教师可亲自进行示范，也可指定相应的学生进行动作示范。在采用动作示范方法时，应注重以下几方面问题。

首先，在进行动作示范时，应具有一定的目的性。如果是为了使得学生了解动作的基本形象，示范动作可稍快；如果动作示范是为了使学生了解相应的动作结构，并引导学生进行学习，则动作应稍慢，可略夸张；如果是示范相应的重点和难点动作，可多示范几次。

其次，示范动作一定要注重其正确性，避免对学生形成误导。在进行相应的讲解时，不仅要注重内容的正确性，还要体现出教学内容的特点，并与学生的学习能力相适应，提高学生的学习兴趣。

再次，进行动作示范时，应使得全体学生都能够看到。因此，可使学生呈圆圈形站立，或是错位站立。

最后，在进行动作示范时，一般会配合相应的讲解方法，使得学生能够更好地理解。可采用先示范后讲解、边示范边讲解和先讲解后示范等方式。

（2）条件诱导法

条件诱导法也是较为常用的一种教学方法，以某种条件为诱因,并与相应的动作建立联系,从而达到相应的教学目的。例如,通过相应的音乐伴奏和喊节拍的方式,形成一定的动作节奏感;通过简单的语言提示使得学生的动作能够流畅进行。除此之外,也可设置相应的视觉标志,指示学生进行相应的动作方向和运动轨迹、幅度等方面的操作。

(3)采用多媒体技术法

电影、幻灯、录像等是多媒体技术的主要内容,在运用电影和电视、录像时,应注意播放内容要与体育教学目标相适应,并有机结合电影和电视、录像与讲解示范练习。多媒体技术虽然在教学过程中得到了普遍的运用,但是在体育教学过程中,其应用并不广泛。这与体育教学在户外授课、器材运用不方便具有很大的关系。

(4)直观教具与模型演示法

在体育教学过程中,对于一些高难度的动作可采用图表、照片和模型等直观方法进行辅助教学。通过运用这些教学工具能够使学生更加易于理解相应的技术结构和动作形象。另外,对于一些战术配合,也常采用模型演示的方式进行讲解。

3. 完整教学法

完整法指的是从动作开始到结束,完整地进行教学和练习的方法。一般在技术动作的难度不是很高,或技术动作不可进行分解时,会采用完整法进行教学。另外,在首次进行动作示范时,也会采用完整法来进行动作技术形象的示范。完整法的优点在于动作协调优美、结构简单、方向路线变化较小,各部门之间具有密切的联系。其缺点在于对一些复杂的动作而言,采用这种教学方法会为教学带来一定的困难。

为了便于学生进行学习,促进教学活动更好地开展,应注重几方面的问题:首先,在讲授一些简单和易于掌握的动作技术时,教师可以先进行完整的动作示范,示范之后,学生直接完成完整的动作练习;其次,有些技术动作无法分解时要采用完整教学法,需要注意的是,在采用这种方法时,要对其中的各项要素进行必要的分析，但不能拘泥于动作的细节，要从整体上进行把握，确保动作的完整性和流畅性；再次，对于一些难度动作，可适当地降低其难度，可先通过降低难度或是徒手完成相应的动作，在此基础上逐渐增加难度，降低难度时不能使技术动作出现错误，对于一些器材的质量以及高度、距离等标准可适当降低；最后，采用完整法进行教学时，可适当改变外部的环境条件，在外力条件的帮助下完成相应的完整动作。

4. 分解教学法

分解法即将完整的动作划分为几个部分，逐步使学生掌握完整的动作技术。这种方法适用于难度相对较高，并且动作可分解的运动项目。采用这种教学方法时，能够将复杂的动作分解为简单的动作，从而使技术难度降低，更加有利于学生的学习和掌握。但是，这种方法也有其缺点，即它注重对于局部动作的分解把握，可能在一定程度上使得学生对于整体的理解不全面。因此，分解教学法和完整教学法通常结合使用。

在运用分解法进行教学时，需要注意的问题是：第一，应仔细分析动作技术的特点，采用合理的方式对其进行分解，注重时间、空间等方面的有序性和统一性；第二，将完整的技术动作分为多个环节时，应注重各个环节之间的联系，注重动作结构之间的联系性；第三，在熟练掌握各阶段的动作之后，要注重各个环节之间的动作衔接，要保证其过渡的流畅性，形成有机的整体。

5. 预防与纠错教学法

为了防止和纠正学生在练习过程中出现和可能出现的错误动作，教师在教学过程中经常采用预防与纠错法。在教学过程中，学生对于各种动作技术的掌握不标准和出错的状况是不可避免的，教师应正确对待，并注意进行有意识的引导和纠正。

预防和纠错是相互联系的。预防具有一定的超前性，要求对于可能出现的错误动作进行积极的引导，并要对其出错的原因进行分析；纠错具有鲜明的针对性，针对学生的错误动作采取相应的纠正措施，并分析出错的原因。预防与纠错方法的运用形式有以下几种。

（1）语言表述法：为了使学生建立起正确的动作概念，应注重动作细节与要点描述的准确性，使学生能够明确理解各技术动作的标准和结构顺序。通过这种方式，能够使得学生建立正确的动作意识。

（2）诱导练习法：为了使学生的动作准确无误，可采用诱导性的教学方法，使学生达到相应的教学要求。例如，学生在做肩肘倒立时，不能将腰腹部挺直，针对这种情况，可采用在垫子上方悬一吊球，让学生用脚尖触球，这样学生就可以挺直腰腹部了。

（3）限制练习法：在进行相应的动作练习时，设置一定的限制条件，有助于错误动作的纠正。例如，在进行篮球投篮练习时，为了使学生的投篮动作更加协调、标准，可练习罚球线左右的投篮练习，使学生掌握正确的投篮方式。

（4）自我暗示法：学生在进行相应的动作练习时，为了保证动作的准确性，在练习中有意识地暗示自己达到要求的方法。例如，在进行篮球的投篮练习时，学生可暗示自己投篮时手指、手腕的动作要标准，使得自身的投篮动作准确无误；再如，在奔跑练习中要暗示自己注意后腿充分蹬地。

（三）运用体育教学方法的注意事项

1. 注意体育教学方法效果的影响因素

在合理应用体育教学方法时，为了取得良好的教学效果，体育教师要加强与学生之间的协调配合。在体育教学实践活动中，教学方法所产生的效果受体育教师的知识储备、人格魅力以及教学技艺等方面的影响。因此，提高教师的素养对于教学方法使用的效果将会产生积极的影响。

需要强调的是，体育教学是教师与学生之间的双边互动，学生因素对于教学方法运用的效果也产生重要的影响。同时，学生的能动性的发挥情况对于教学方法的运用效果产生重要的影响。例如，当学生没有太大的兴趣参与到体育课教学中时，就会在课堂上表现出注意力不集中，即使体育教师使用正确、生动、形象的讲解方法或准确、协调、优美的动作示范，学生依然不会提高参与课堂学习的兴趣与积极性。

除教师与学生两项因素外，体育教学方法的运用效果还会受到体育教学物质条件和环境的影响。例如，在进行篮球运动教学时，如果是在较为干净的室内塑胶场地上，学生在奔跑和起跳时的心理状态与在水泥地面上时是不同的，室内塑胶场地上，当学生起跳落地时，可以做出相应的保护性动作，能够有效避免受伤。因此，在强调教学主体主观因素的同时，也不可以将物质和环境等客观因素忽略。

2. 注意体育教学方法有关理论的运用

有关体育教学的理论源于实践，但又高于实践，是科学总结体育教学实践的结果。因此，体育教学的相关的方法既要注重实践方面的问题，要注重理论方面的探索。如果体育教学的相关理论具有一定的片面性，则其体育教学的方法也会表现出一定的片面性。

在体育教学过程中，体育教学方法方面的理论基础应综合考虑几个方面：其一，辩证唯物主义与唯物辩证法的基本观点；其二，系统论原理，深化理解体育教学系统；其三，教育学、心理学等与体育教学有关的学科理论知识；其四，普通教学论和体育教学论是体育教学方法直接的理论基础；其五，对当代各学科的先进理论成果进行借鉴和吸收，创造性地应用相应的理论和方法。从整体角度进行分析，在体育教学过程中，应用新观念、新理论指导体育教学工作，不断对体育教学的方法进行创新，并充分发挥各种教学方法的效用。

第三节　高校体育教学方法的发展与改革

一、高校体育教学方法的发展历史

高校体育教学方法的发展历史主要分为体操和兵操时代、竞技运动时代以及体育教育时代，各个时代的发展历程具体如下。

（一）体操和兵操时代

在传统社会里，推动体育运动发展的一项推动力是军事战争。在封建社会和资本主义社会的早期，为了增加士兵的作战能力，士兵会进行相应的体育训练。这时的体育教学方法主要以训练式和注入式为主，较为单调。训练式和注入式的教学方法偏重于大运动量的不断重复，通过苦练来增加人体的运动记忆，并不断增强体能。

（二）竞技运动时代

自近代以来，随着资本主义社会的不断发展，竞技运动也得到了快速的发展，竞技运动项目逐渐增多。竞技运动以公平、平等等思想为指导，并且融入了众多的文化因素，充满生机和活力。竞技运动要求运动员具有高超的运动技能，而一味地苦练并不能适应竞技体育发展的需要，体育教学方法的改进成为必然的趋势。这一阶段，教学效率明显提高，出现的一些新的教学方法有演示法、观察法以及小团体教学法等。

（三）体育教育时代

现代体育得到了很大的发展，并且成为学校教育的重要组成部分。体育成为一种文化现象，其内容也得到了极大的拓展，涉及健康教育、心理训练、安全教育、体育咨询、体育培训等,体育的知识和技能快速发展。人们针对体育教学的内容、方法的研究也逐渐深化。体育教学的方法不但要使得学生掌握相应的体育知识和技能,还要促进学生的全面发展,使其身体素质、心理健康、运动欣赏能力等方面都得到相应的发展。随着技术的发展,一些新的体育教学方法也随之出现。计算机、录像、电影等多媒体技术的发展,使得运动表象和感知等方法得到了快速的深化发展,体育教学的方法更加科学、规范,并向着更高层次发展。

需要重点强调的是,新体育教学方法的出现并不意味着传统体育教学方法的消失。在不同的时代条件下,会出现与这一阶段的生产力和科学文化发展相适应的体育教学方法。这些新的体育教学方法与传统体育教学方法相结合,相互借鉴,共同促进了体育教学的发展。体育教学的方法是一个不断发展的过程,随着教学环境、教学对象和教学内容的发展,呈现出不同的阶段性特点。

二、高校体育教学方法的发展特征

(一)科技进步促进了体育教学方法的创新

科学技术发展迅速,在不断丰富和方便人们日常生活的同时,在其他领域也发挥着重要的作用。在体育教学中,科学技术的进步对其教学方法的影响是极其深远的。随着计算机技术的快速发展,其在体育教学中迅速得到普及,这使得体育教学中的动作示范更加标准、科学,资料的搜集、整合更加便捷,并且学生在学习空间和时间方面的限制减弱,实现了实时的信息沟通。通过运用计算机进行动作示范,能够从不同的侧面,以不同的速度,对不同部位的动作进行细致的分析和研究,使得传统的讲解示范等方法更加科学、高效。

（二）体育教学内容的变革促进了教学方法的变革

为了适应时代的发展，满足学生的体育需求，体育教学的内容处于不断的发展和变革之中，这也导致了体育教学方法的变革。例如，随着定向运动和野外生存运动引入体育教学之中，使得体育教学活动的野外组织和教学方法得到了更加广泛地开发。

（三）体育教学理论的发展促进了教学方法的完善

体育教学理论的发展有利于体育教学方法的创新与进步。在新的体育教学理论的指导下，体育教学方法逐步实现了发展和创新。传统的体育教学过程中，对于体育运动技能的分析有所欠缺，并且同一运动项目的教学方法相对较为固定，甚至在不同的运动项目中都采用统一的教学方法。

因此，面对不同运动项目，体育教学方法是“以不变应万变”。但随着有关专家研究球类运动项目的不断深入，“领会式教学法”由于适合球类运动而应运而生。

（四）学生个性发展促进了体育教学方法的改进

在不同的时代环境，学生会表现出不同的特征，同时学生的个性特点具有很多变动性。因此，为了更好地促进体育教学目标的实现，促进体育教学效果的提高，应根据学生的具体情况，采用不同的体育教学方法。

学生各方面的变化主要体现在以下几个方面：第一，随着接受知识的增多，学生的认识能力逐渐增强；第二，随着时间的变化，学生的身体逐渐发育、发展；第三，伴随着学生知识和阅历的丰富，其个性越来越强，并且形成了相应的价值观念。除此之外，社会的文化价值观念对学生也产生较为显著的影响。体育教学的方法也应随着学生各方面的变化而进行适当的调整。

三、高校体育教学方法的发展趋势

现代体育教学经过多年的发展,不仅已发展成为一个较为成熟的学科,同时也发展成为具有自身特色的教法体系,其发展趋势主要体现在以下几方面。

(一)现代化趋势

现代教学方法的现代化过程中,体育教学的现代化十分明显。体育教学的重要表现之一是教学设备的现代化,通过采用先进的技术手段,使得教师能够更容易开展教学活动,学生能够更好地学习。通过先进的现代化设备,教师能够对学生的身体素质进行更加深刻的了解,并能够更好地制定运动训练的负荷量。在教学管理方面,能够对学生的学习和生活提供更加便捷的服务。随着现代社会的发展,体育教学的各项技术逐渐发展,其教学方法也必然呈现出现代化的发展趋势。

(二)个性化与民主化趋势

在传统的教学过程中,教师是教学的主体,在教学过程中具有很强的统一性,教师的教学活动忽视了学生个体之间的差异性。随着教学活动的开展,社会越来越注重学生个性的发展,体育教学方法的发展也必然呈现个性化发展趋势。个性化的教学方法改革和创新对于学生和社会的发展均具有重要的意义。与此同时,民主化也是体育教学的大势所趋。随着教学过程中民主意识的崛起,民主化的体育教学方法也逐渐得到快速的发展。

(三)心理学化趋势

心理学认为,学习是一个复杂的心理过程。在体育教学过程中,学生学习既涉及相应知识的记忆,同时还有动作技术的记忆。随着心理学研究的发展,学习过程的各个方面被人们所认识,并且在具体教学实践过程中,心理学的相关理论逐渐受到重视。在体育教学方法的发展过程中,很多心理学的研究成果将会进一步得到应用,这对于体育教学效果的提高具有重要的意义。另外,体育教学还肩负着培养和发展学生的良好意志品质、促进学生的心理健康等方面的重要作用,通过运用相应的心理学方面的方法,能够更好地达成这方面的目的。

四、高校体育教学方法发展中存在的问题

(一)教学方法单一化

现阶段,许多高校体育教师在相对落后的教学思想观念的影响与制约下,在高校体育教学活动的实践过程中,常常存在使用单一教学方法的问题。在体育教学实践中,部分教师依旧将传统体育技术的传授作为主要教育目的,通常采用讲解、示范以及练习等传统落后的教学方法,其教学效果也必然十分有限。与此同时,相对传统落后的体育教学方法确实存在多方面的问题与劣势,有很多需要完善与改进的空间。但我们还需充分认识到,学生自身身体是高校体育教学活动的主要媒介,高校体育教学活动只有利用与之对应的运动场地、设施设备以及练习才能达到预定的教学目标,运动场地、设施设备以及练习在高校体育教学方法的使用效果方面发挥着重要作用。

伴随着新形势的出现,高校体育教学的任务和目标也随之发生了很大变化。传统体育教学方法已经无法很好地适应高校体育教学任务的具体要求。因此,体育教师要积极转变教育思想观念,主动继承与发扬传统体育教学的优势,尽全力创新高校体育教学的方式与方法,进而更好地服务于高校体育教学的实践活动,尽全力推动学生的身心实现全面健康发展。

（二）实际效果不够显著

众所周知，高校体育课程教学纲要主要是对原有体育课程教学的进一步深化、拓展与改革。由此可知，高校体育课程教学改革的一项重要内容与任务是创新。很多教师在开展体育教学活动的过程中，真正做到了努力创新、狠下功夫以及狠抓落实，选择了很多富有创新性的教学方法与手段，这一举措对高校体育教学改革产生了较为突出的推动作用。然而，我们还需清晰认识到，在开展体育教学的具体过程中，依然存在着某些教师过度重视课程形式，不重视或者忽视课程实际效果的问题，甚至还有些体育教师为展现全新的教学理念，将部分高、尖、精的体育教学设施设备运用在高校体育课堂中，尽管发挥了让学生眼前一亮的效果，然而因为不便于操作，使得体育教学设施设备的实际效果大幅度降低。

除此之外，因为规范化体育技能教学是传统落后体育教学的唯一任务与目标，所以某些体育教师在选择体育教学方法时，其选择依据通常是促使学生尽快掌握体育技能而开展相应的体育教学活动。在众多体育教学方法中，部分教师单方面重视与追求对体育运动技能的系统性和完整性教授，严格要求学生对体育动作的各个环节加以理解与掌握，却忽视了对学生创新能力、观察能力、信息收集能力、分析能力以及自学能力等多方面能力素质的培养，其必然导致高校体育教育为技术而教，也必然影响与制约学生的学习效果。

（三）学生主体意识不强

长时间以来，在开展具体体育教学活动的实践过程中，常常实行以教为主、以学为辅或者教师教学生学等较为传统的教学模式。采用这种教学模式，尽管在部分教学内容与教学环节上获得了一定成效，然而传统教学方法在怎样充分调动学生积极主动、充满创新地学习教师传授的教学内容方面还有很大的改善空间。从实际角度出发，此类重视教师、忽视学生的高校体育教学方法广泛存在于高校体育教学活动中。除此之外，部分高校体育教师较为重视学生共同存在特征，却忽视了学生存在的个体差异性。而体育教师需要了解的是促使学生形成健康的个性特征，一方面是学生心理全面健康发展的客观需要，同时还是当前社会对人才能力素质提出的要求。因此，体育教师要针对每位学生的不同情况，激励和鼓舞学生形成和发展自身的个性特征。

当然，多种问题和困难会广泛存在于高校体育教学过程中，并且实施因人而异的教学策略着实会给体育教学活动带来一定的难度，教师将出发点设定为学生的个性特征成为较为常见的现象。尤其是在班级人数多、场地面积小、设备器材有限的情况下，进一步增加了充分发展学生个性的难度系数。故而，在具体的体育教学实践中，体育教师采用的教学方式往往是将教学中心置于对大多数学生的帮助和指导方面，同时很少采用适宜有效的教学方法对需要特别对待的学生展开帮助与指导，这一问题导致的必然结果是很难推动学生在体育教学活动中得到充分发展。

五、改革高校体育教学方法的对策

（一）避免教学方法一成不变

由此可知，教师要下定决心战胜困难，并有效防止体育教学方法单一化，主动实现教学方法的新颖性、实用性以及可操作性，有效激励和鼓舞学生对学习的求知欲和积极性，从而最大限度吸引学生的注意力。现阶段，高校体育教师要大胆摒弃有碍学生发展的落后教学方法，从根本上改变传统体育教学过度重视技能的灌输式教学方法，高校体育教师要从实际出发，彻底将传统格局打破，将学生的兴趣爱好与其密切结合，主动创新并选择出能够对学生发展产生积极影响的体育教学方法，尽可能向学生提供一个良好的学习环境和学习氛围，持续不断地激发学生的学习兴趣，使得体育教学活动的整体质量和效果得到质的提高，推动学生养成独立思考、独立分析、积极实践的良好习惯，从根本上使得学生实现全面健康发展。

（二）积极培养学生的创新意识

推动高校体育教学方法得以创新的重要策略是主动培养学生的创新性意识。第一，要认真创新思想认识，密切结合娱乐体育与健身体育，这不仅是推动高校体育教育思想观念得以转变的重要体现，同时也是现阶段高校体育教学的根本任务；第二，要不断创新体育教学内容，教师在选择体育教学内容时要选择有利于学生实现全面健康发展和激发学生学习兴趣的内容，只有这样才能使得教学内容枯燥乏味的问题得到根本性解决；第三，要不断创新教学方法，教师要与学生的实际需求有机结合，采用启发式的教学方法来引导学生积极思考、独立解决问题，从而将学生的学习主动性充分调动起来。高校体育教师可以运用发现式教学方法来培养学生发现、思考以及分析问题的能力，还可以运用学导教学方法推动学生主动参与到学习过程中，锻炼和培养学生的自觉性和主动性，使得学生养成自我锻炼以及终身锻炼的良好行为习惯。

（三）促使学生实现全面健康发展

在崭新的发展趋势下，促使学生得以全面健康发展已经成为创新高校体育教学方法的客观要求，所以高校体育教师要尽全力推动学生全面健康发展，保障学生在体育教学活动中能够受到启发和鼓舞。体育教师在开展体育教学活动的过程中，要以不同学生的实际情况为依据，努力寻找与学生发展特征最为符合的发展方向，让体育教学活动真正使得每位学生都能够有收获和成长。

针对以上要求，高校体育教师要将学生的实际情况作为立足点，将学生今后的发展作为着眼点，尽全力为学生的全面健康发展奠定良好的基础。在对体育教学方法加以选择时，体育教师要将教会学生做人作为教学着重点之一，把求知、审美、健体、劳动以及娱乐等方面密切结合，把学生所学的理论知识和生活实践密切结合，把课内教育与课外教育密切结合，推动学生实现多个方面的和谐统一，实现使学生全面健康发展的最终目标。

（四）重点强调教学活动的有机统一

促使高校体育教学方法得以创新的一项必然要求，是将各项教学活动有机统一。从本质来说，体育教学活动是一项教学互动的活动，倘若只有体育教师参与其中，而没有学生的积极参与，则不能将这一教学活动称为完整意义上的体育教学活动。反过来说，只有学生参与却没有教师参与的体育教学活动，其教学效果同样十分有限。体育教学活动要想取得理想的教学效果，则要求体育教师认真选择和处理自身和学生、教材、内容、手段，以及方式方法等方面的相互关系。

我们知道，一次效果良好的体育教学活动，需要教师能够很好地处理自己与学生、教材、内容、手段和方式方法的关系，特别是在创新教学方法的同时，能够更好地结合学生的实际需要。因此，这就要求教师和学生必须统一起来，积极参与到体育教学活动中来，达到教与学的统一。

总而言之，创新体育教育不仅是一项高校教育政策措施，而且还是一项实现高校体育教学方法创新的内在要求。伴随着社会发展进程的不断推进，学生对体育教学的要求也随之产生了翻天覆地的变化。现阶段，现代信息技术的大范围使用在向教师提供更多教学方法的同时，也向学生学习体育知识提供了更加广阔的平台，延伸和拓宽了高校体育教学活动，并将其具备的功能很好地发挥在体育教学活动中。因此，体育教师要将教学实际作为重要依据，主动研究和创新，大胆采用部分先进的教学方法，努力为学生创造一个有益的学习氛围，使得学生的各方面需求得到满足。

第六章 普通高校体育教学模式的发展与改革

随着我国体育事业的发展,体育教学各环节的研究显得越来越重要。作为高校体育教学的重要组成部分,体育教学模式对于高校体育教学的开展及深化研究有着非常重要的意义。对体育教学模式的研究与创新,能够更好地促进高校体育教学的发展。本章主要对体育教学模式的基本理论、现代创新体育教学模式的构建与应用以及高校体育教学模式的发展与改革进行研究。

第一节 体育教学模式基本理论

一、体育教学模式的概念

直到20世纪80年代,我国开始对如何界定体育教学模式展开专门性讨论。但至今,体育教学模式的概念尚未达成统一,其规范化程度也有待进一步提高。在对体育教学模式进行的相关研究中,很多学者对于体育教学模式的概念给出了自己的看法和见解,其中比较有代表性的主要有以下几种。

(1)李杰凯认为,体育教学模式“是蕴含特定的教学思想,针对特定的教学目标,在特定教学环境下实现其特定功能的有效教学活动与框架,是以简洁形式表达的体育教学思想理论和教学组织策略，是联系体育理论与体育教学实践的纽带”[1]。

（2）杨楠认为，体育教学模式是“体现某种教学思想或规律的体育活动的策略和方式，它包括相对稳定的教学群体和教材、相对独特的教学过程和相应的教学方法体系”[2]。

（3）毛振明认为，体育教学模式是“按照一定的体育教学理论或教学思想设计，具有相应结构和功能的体育教学理论或教学活动模型”[3]。

（4）樊临虎认为，“体育教学模式是指在一定的教学思想或理论指导下，设计和组织体育教学而在实践中建立起来的各种类型体育教学活动的范型，它以简化的形式稳定地表现出来。”[4]

综上所述，我们可以将体育教学模式定义为：在特定的体育教学思想指导下，实施的以完成体育教学单元目标的稳定性较好的教学程序。

二、体育教学模式的特点

（一）可操作性

体育教学模式的可操作性主要包括两个方面的内容。

一方面，体育教学模式易被教师模仿。究其原因，主要是由于教学模式不仅是教学理论的操作化，同时还是教学实践的概括化。体育教学活动在时间上的开展以及每一教学步骤的具体做法都需要教学模式提供相应的逻辑结构与思维，也就是所说的操作程序。这样，教师在教学中应该先做什么，再做什么，最后做什么，就非常条理，可操作性较强。

另一方面，体育教学模式的操作程序是处于基本稳定状态的，究其原因，主要是因为体育教学活动的特殊性、复杂性以及响

[1] 龚坚．现代体育教学论［M］．重庆：西南师范大学出版社，2009.
[2] 同上．
[3] 同上．
[4] 同上．

体育教学的主要因素不能受到精确控制。关于此，比较具有代表性的是魏书生同志创立的“六阶段教学论”，从总体上看，教学是按照提出教学要求→组织学生自学→师生讨论启发→开展实践运用→及时做出评价→系统总结这样的程序进行的；运动技能类教学模式是按照教师的示范讲解→动作分解教学→学生初步练习→纠正错误动作→再次练习→动作部分的结合练习→纠正错误动作→完整动作练习→强化练习、过渡练习→掌握动作这样的程序进行的，而且需要强调的是，教学程序是不可逆转的，但是，其中某些步骤可以以教学实际情况为主要依据进行压缩、省略和重叠。这就充分体现了体育教学模式的可操作性特征。

虽然体育教学模式具有较强的针对性，但在不同条件与环境下开展体育教学，其产生的体育教学模式也表现出一定的差异性，也会因不同的教学指导思想和理论而表现出一定的差异性。但是一旦确立了体育教学模式，就可以代表一定的教学思想和理念，也就表明某一特定的条件下的具体操作的稳定性和可模仿性，具有相同的理念和外在条件，便可以轻易地被体育教师所模仿，这就是体育教学模式的稳定性特点。需要注意的是，随着时代的变迁，指导思想与外在条件等发生质的变化，这就要求适当调整和变更体育教学模式，由此可以看出，体育教学模式的稳定性并不是绝对的，而是相对的。

（二）简洁概括性

体育教学模式并非“复写”体育教学活动，而是在能将自己个性充分显示出来的基础上，将教学目标、教学方法、组织形式等开展某一教学活动的不重要因素省去，从理论高度简明系统地将模式自身反映出来。由此可以看出，它是对某一理论的浓缩，对实践的精简，表现出一定的简洁性与概括性。一定的体育教学模式能够将特定的体育教学思想充分反映出来，而且也在一定程度上简化教学模式的各环节，通过教学程序的方式将其展现出来，因此，充分体现出了体育教学模式显著的简洁概括性特征。

教学模式的概括性主要在教学模式的表现形式、表现内容和表现种类等方面得到体现。具体来说,每一个方面的概括性都有着不同的特点,具体如下。

(1)表现形式的概括性,就是用较少的笔墨、少许的线条、符号或图表就能够将整个教学模式大致反映出来。

(2)表现内容的概括性,就是浓缩、提炼单元体育教学活动的理论或实践。

(3)表现种类的概括性,就是把具有共同特征的模式归结为一类,从而达到将某一体育教学模式的教学目标更明确地表达出来的目的,也可以在体育教学实践中使体育教师对体育教学模式有更加明了的理解与选择,从而使对多种体育教学模式产生相互混淆的现象得到有效避免。

(三)针对性

无论何种体育教学模式,其建立都是针对体育教学实践过程中的某个具体问题或问题的某一方面而进行的,针对体育教学内容、体育教学对象、体育教学环境等不同要素所形成的体育教学模式是有很大区别的。从这一点来看,体育教学模式有其特定的教学目标和使用范围,是不能包罗万象的。比如,情景教学模式是针对小学生理解能力较差、体育基础不够,而以体育故事形式把各种简单的体育活动动作组合起来进行教学的,因此,这种教学形式对于中学高年级的学生是不适合的;又如,快乐体育教学模式是与传统体育教学中的强制性教学相对立的,学生在强制性体育教学中是体验不到快乐的,所以设计了快乐体育教学模式,因此这种教学模式对于学练一些简单的体育活动动作是较为适合的,而对于体育复杂动作的教学则是不适合的。由此可以看出,普遍有效的可能模式或者最优的模式是不存在的。然而教学模式与目标往往是一对多或多对一的关系,而绝非一对一的关系。

通常来说,一种模式的目标是多种多样的,而多样化目标又可以进行主、次的划分，其中主要的目标不仅是此模式与彼模式相区别的主要特征之一，同时也是人们有针对性地选用模式的一个重要依据。比如，启发式教学模式与快乐体育教学模式中都有发展学生技能、运动参与、情感方面等目标，但是，这些方面的主要目标并不是一样的，而是有一定差异性的。具体来说，开启学生的学习智力，使学生的运动思维得到有效的发展，从而对运动技能的学习与掌握产生积极有利的影响，是启发式教学模式的主要目标；而使学生在学练一些较为简单的体育活动动作中体验运动的乐趣，并创造性地组合一些简单的动作，体验运动成功的感觉，使其自信心有所增加，则是快乐体育教学模式的主要教学目标。

（四）优效性

体育教学模式的建立是需要有一定的理论基础作为基础条件的。一定的理论基础是建立体育教学模式的基础条件，但同时，体育教学模式的构建与完善离不开体育教学实践的不断修正与补充。因此，促进体育教学质量的提高，逐步改进体育教学过程，不断更新与完善体育教学的各个环节，避免教学资源的浪费与缺失，是完善体育教学模式的主要着眼点。从这一角度上来说，体育教学模式充分体现了其显著的优效性特点。

（五）整体性

体育教学模式对体育教学的处理是从整体上进行的，具体来说，它不仅要明确规定教学活动中的教学主体（体育教师与学生）、教学客体（教学目标、教学内容等）等主要因素的地位与作用，而且还要对教学物质条件、组织形式、时空条件、师生互动关系或生生合作关系等影响体育教学活动并在教学活动中起重要作用的其他因素进行相应的说明。由此可以看出，这几乎把体育教学论体系中的基本内容都涵盖了，因此人们也将体育教学模式称为“体育微型教学论”。体育教学模式的整体性特征要求人们在对体育教学模式做出正确的认识及运用时，一定要将体育教师的教学风格、学生的年龄特点、体育基础特点、课程内容特点等体育教学模式的主要要素整体全面地确定下来并熟练把握。除此之外，教学场地条件、环境条件、教学班级人数、气候特点等一些次要要素也要列入考虑的范围，同时还要清楚地认识到它们之间的相互关系，对各环节的相互配合、相互衔接也要引起足够的重视，从而使教学模式成为系统的教学程序。这种多部分、多要素、多环节的有机组合将体育教学整体性充分体现了出来，同时也对体育教学模式并非多环节、多要素的简单堆积进行了说明，因此，可以说，体育教学模式是具有一定科学性的。

三、体育教学模式的功能

（一）简化功能

体育教学活动有着较为显著的特殊性和复杂性的特征，因此，要想取得较为理想的处理这种特殊性和复杂性的效果，除了需要人们的思辨和文字的处理方式外，还需要其他一些简单明了的方式。例如图示方式往往就能够使人们对事物有一个整体的印象。体育教学结构能够反映各环节、各要素的关系，除此之外，也能够将其组织结构和流程框架反映出来，这种结构的主要特点在于注重原则、原理，而且也较为重视行为技能的学习。因此，从客观的角度上来说，体育教学模式有着非常重要的作用和意义，与现代体育教学任务是相符的，具体来说，主要表现在三个方面。第一，对体育知识的学习和体育技术、体育技能的学习与掌握非常重视；第二，对学生的学习目标和教师的设计方案非常重视；第三，在充分反映教学理念的同时，对具体的操作策略也非常重视。由此可以看出，体育教学模式具有较强的可操作性，其结构和机制也较为完整。另外，体育教学模式比抽象的理论更具体、简化，不仅与教学实际更为接近，而且它能够为体育教师提供基本操作框架，使教师明确具体的教学程序，因此较容易被教师理解、选用、操作与认可，受到教师的欢迎。

（二）预测功能

体育教学模式是以体育教学活动中的内在规律与逻辑关系为基础的，因此它有利于准确地对体育教学进程和结果作出判断，即使不能准确判断，也能对体育教学进程和结果进行合理估计，甚至可以对教学结果假说进行建立。通常以某种教学模式内在与本质的规律及其现象为主要依据，来对该模式进行预测。例如，快乐体育教学模式，这种教学模式既要注重学生在学习过程中的学习体验，也要使学生对运动技能加以掌握，从而为学生的终身体育打下良好基础。这种模式的预测功能主要体现在两个方面：一方面，如果在教学过程中没有达到预期的教学目标，说明实际与预测存在一定的差距，需要进行合理、正确的调整；另一方面，如果在教学过程中达到了预期的教学目标，说明与事先的预测是相吻合的，证明理论与实践是相统一的。

（三）解释与启发功能

体育教学模式的功能和作用主要表现在通过简洁明了的方法来解释相当复杂的现象。比较常见的一种体育教学模式是发展体能教学模式，这一教学模式的建立给人以整体的框架，其中文字的解释让我们能够更加深入理解教学模式，具体来说，发展体能教学模式中所蕴含的理论知识主要在以下三个方面得到体现。

首先，阶段性的体能目标实施与反馈控制理论。

其次，体育教学系统地、长期地发展体能的指导思想。

最后，非智力、非体力因素参与体育活动并促进技能教学的发展理论。具体来说，体能的发展是比较枯燥的，因此如何激发发展体能的兴趣就成为一项关键性因素。需要注意的是，这一关键因素是非智力、非体力的。

除此之外，对于整个教学活动来说，具体的某种教学模式的核心环节具有非常重要的作用和意义，其主要在教学目标的制定与教学过程实施的形成性评价中得到一定的体现。具体来说，主要包括以下几个方面。

第一，预先进行体能测验，实施诊断性评价。

第二，以学生的身体条件与身体素质的侧重点为主要依据来对教学单元进行合理的安排。

第三，有针对性地对单元中诸体能目标进行练习，并力争达成目标。

第四，对学习效果进行终结，实施总结性评价。

第五，以评价的结果为主要依据来使矫正措施得以实施。

（四）调节与反馈功能

马克思主义唯物观认为实践是检验真理的唯一标准，因而体育教学模式是否科学也要通过实践的体育教学活动对其进行检验才能得知。体育教学模式是依据具体的教学指导思想、教学条件和教学环境来进行安排的。例如，在实际的运用过程中，如果某一种体育教学模式没有达到预先制定的教学目标，就需要具体分析教学模式操作过程中的各个环节与因素，并找出其中的利弊关系，并深入地分析其原因并提出相关对策，以使体育教学活动更加科学、合理。

四、体育教学模式的结构

体育教学模式的结构主要包括教学思想、教学目标、操作程序、实现条件以及评价方式等，具体内容如下。

(一)教学思想

作为体育教学模式的灵魂,教学思想是建立体育教学模式所应具备的基本理论与思想基础。也就是说,要想建立体育教学模式,就需要有一定的理论知识对其进行指导,在不同理论指导下所建立起来的体育教学模式是有所差异的。例如,我国在20世纪80年代所建立起来的愉快教育与日本的快乐体育,这两种教学模式都是根据当时学生学习的具体需求产生的,有利于学生参与学习活动的积极性和主动性的充分调动,并能够通过体育教育养成终身体育的习惯。

(二)教学目标

在体育教学过程中,建立体育教学模式的目的就是更好地实现体育教学目标。如果没有体育教学目标,也就没有体育教学模式存在的必要和价值了。"体育教学模式所能够达到的教学效果是体育教师对某项教学活动在学生身上将产生的效果所作出的预先估计。"[①] 体育教学目标是具体化了的体育教学主题的表现,体育教学模式要以教学目标为核心,教学目标能够制约体育教学模式的其他结构要素。

(三)操作程序

教学活动中的教学环节或步骤就是所谓的操作程序。在体育教学活动中,操作程序主要指的是在时间上展开的逻辑步骤以及各逻辑步骤的具体做法等。无论哪种体育教学模式,其操作程序都是独特的,与其他教学模式不同。操作程序并不是一成不变的,但它一定是基本的和相对稳定的。

---

① 龚坚.现代体育教学论[M].重庆:西南师范大学出版社,2009.

(四)实现条件

所谓实现条件,是指体育教学模式中所采用的策略和手段,它是对操作程序的补充说明,并能够使体育教师选择合理的、正确的教学方法和策略。人力条件、物力条件和动力条件三个方面是体育教学模式中实现条件的主要内容。具体就是体育教师与学生、体育教学内容与时空,以及学校的基础设施等。

(五)评价方式

不同的体育教学模式,所要完成的体育教学目标不相同,而且所采用的教学程序和条件也存在差异。因此,不同的体育教学模式也具有不同的评价标准和评价方式。每一种教学模式的评价标准和评价方法都是特定的,如果使用统一的标准进行评价,就会使评价不具备科学性,评价结果失去说服力。例如,与标准化评价相比,群体合作教学模式的评价标准是采用计算个人和小组合计总分的评价方式。

第二节　现代创新体育教学模式的构建与应用

一、现代体育教学模式的新形式

随着现代体育教学的发展,过去传统的体育教学模式已经无法满足现代体育教学的各种需求。同时,在对体育教学进行深入改革的同时,体育教学模式也得到了相应的创新发展,产生了一些适合现代体育教学的新的体育教学模式。由于体育教师的个人特点以及学生实际情况的不同,在体育教学过程中,应根据具体实际来选择适合的体育教学模式。下面主要对现代体育教学中比较常见的体育教学模式新形式展开介绍。

（一）小群体体育教学模式

1. 建立背景

小群体的学习形式来源于日本的“小集团学习”理论。小群体体育教学模式是指在体育教学中，教师通过对小组教学形式的运用，将学生分为几个不同的学习小组，教师指导学习小组进行学习，各小组之间与同组的学生之间通过互动、互助、互争，以此来促进学生学习的主动性不断提高，从而促进教学效率提高的一种教学模式。小集团学习法起初是在其他学科中产生的，到了20世纪50年代开始应用于体育教学中。这种模式在高校体育教学中的运用，除了取得较为理想的效果外，还进一步促进了高校体育教学的发展和完善。

2. 指导思想

小群体体育教学模式的主要指导思想是在遵循体育学习机体发展和发挥教育作用规律的基础上，通过高校体育教学中的集体因素和学生间交流的社会性作用，促进学生交往，提高学生的社会性。此外，在运用这种模式的过程中，还要注意培养学生自主学习能力，并要适应学生的个体差异表现。因此，小群体教学模式的指导思想具体体现在以下几个方面。

（1）有针对性地培养学生的良好品质。

（2）强调集中注意力，并要求学生相互帮助、团结，以有效地提高组内的竞争力。

（3）通过教导学生相互帮助、合理竞争，从而提高学生的身心健康和社会适应能力。

（4）要在条件基本均等的情况下，使组与组之间的学生合理竞技，从而激发学生学习的兴趣，提高学习效果。

3. 操作程序

小群体体育教学模式的操作程序如图6-1所示。

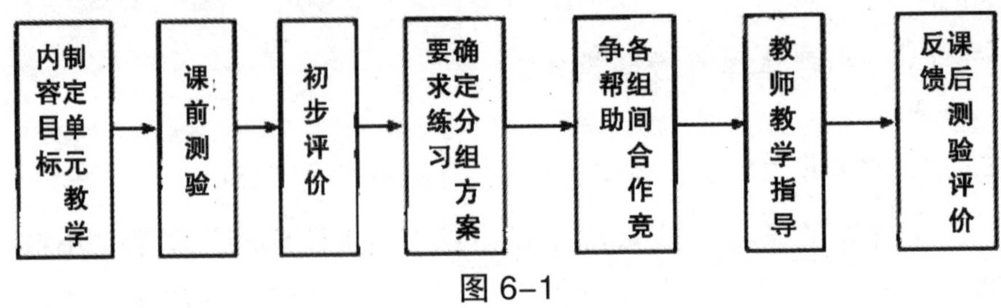

图 6–1

4. 主要优缺点

（1）优点：

①小群体教学侧重于培养学生的团结性，有利于充分调动学生学习的积极性和竞争性，也有利于培养和提高学生的社会适应能力。

②通过小群体教学，既可以提高组内团队间的合作能力，又可以提高团队与其他团队之间的竞争能力，增强学生的竞争意识。

（2）缺点：由于这种教学模式更注重培养学生的社会适应能力，就可能会导致在教学中将大量的时间消耗在这一方面，从而使得学生对教学内容的学习时间相对减少。

（二）主动性体育教学模式

1. 建立背景

在现代教育中，学生是整个教学活动的主体，所以主动性体育教学模式能更好地引导学生通过思考、体验来进行交流和合作，从而进一步发展自身的社会技能、社会情感以及创造能力。在高校体育教学中，要想取得较为理想的教学效果，必须有良好的课堂环境和氛围作为保证。因此，主动性体育教学模式在这样的环境和需求下应运而生。

2. 指导思想

主动性体育教学模式的指导思想主要包括以下几个方面。

（1）培养学生的参与能力。只有使学生参与到教学活动中来，才能有机会使学生的主动性得到进一步发展。

（2）培养学生的教学能力。引导学生站在教师的角度去思考问题，有利于提高学生的教学能力和主动性。

（3）培养学生的合作精神。要使学生认识到团队合作的重要性，培养学生的团结合作精神，同时还可创造出理解、尊重、宽容、信任、合作、民主的课堂氛围。

（4）培养学生的创新意识。要想发展就必须进行创新，教师应根据教学实际和学生的具体情况，有针对性地培养学生的创新意识和创造能力。

3. 操作程序

主动性体育教学模式的操作程序如图 6–2 所示。

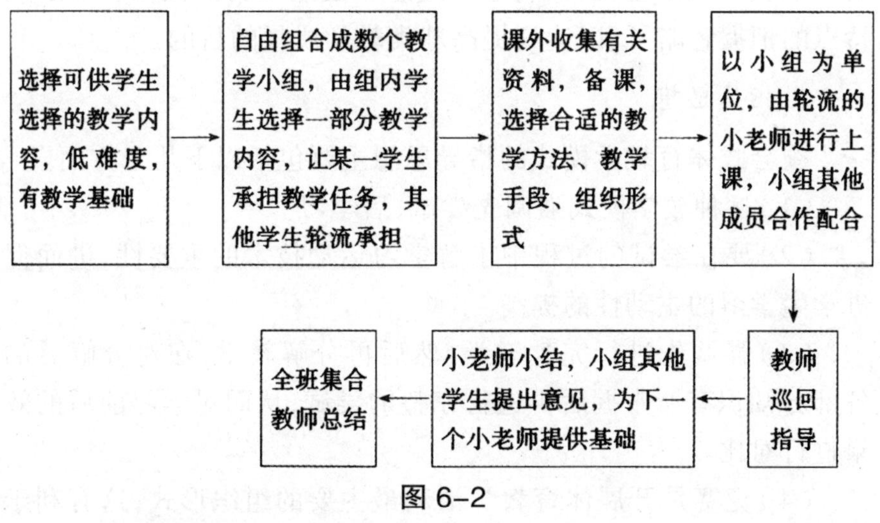

图 6–2

4. 主要优缺点

（1）优点：

①体育教学中运用主体性体育教学模式能够实事求是地、有针对性地发展学生的主体意识。

②有利于提高和发展学生的学习主动性和自我学习能力。

（2）缺点：主动性体育教学模式要求学生有一定的自觉性基

础，并且要求学生具有自我设计教学计划、教学方法、教学手段、组织措施的能力，更要求学生的自学能力要强，否则，运用主动性体育教学模式就不会取得理想的效果。

（三）领会式体育教学模式

1. 建立背景

领会式体育教学模式是在 20 世纪 80 年代由英国学者提出的。在当时，这种教学模式的运用主要是为了对球类教学的教学过程结构进行合理的改造，对新教程进行领会，试图通过这一教学模式对以往教学中存在的缺陷进行改正，这个缺陷主要就是只对技能教学表示重视，而将学生对整个运动项目的认知和对运动特点的把握忽略了，以达到提高球类教学质量的目的。

2. 指导思想

领会式体育教学模式的指导思想主要包括以下几个方面。

（1）这种教学模式强调先尝试，后学习。

（2）要在尝试的过程中了解学习运动技术的重要性，进而促进学生学习的主动性的提高。

（3）强调先进行完整教学，然后再分解教学，在对分解后的各部分知识有所掌握后再进行完整的尝试，从而对学习前后的效果进行对比。

（4）竞赛是开展体育教学活动最主要的组织形式，这有利于提高学生学习的积极性和实用性。

3. 操作程序

领会式体育教学模式的操作程序如图 6–3 所示。

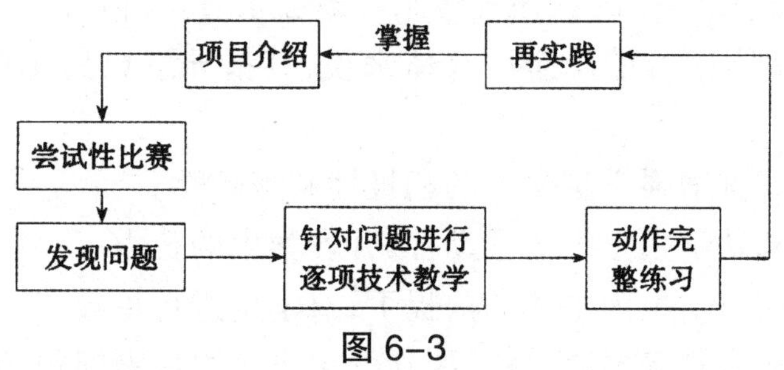

图 6–3

4. 主要优缺点

（1）优点：领会式体育教学模式通过先让学生初步进行体验，体会出学习正确动作的必要性，然后根据学生的实际情况，教师选择合理的教学方法，来促使学生产生强烈的学习动机和需要，进而将学生学习的积极性调动起来，提高学习效率。

（2）缺点：在尝试性比赛中，学生因对这项运动缺乏深刻的了解，很可能会使比赛无法顺利进行。在一些尝试性的比赛中，要想避免这种情况的发生，可以通过降低难度和要求，使学生慢慢进入活动的角色，从而使比赛更为有序，以此来保证常识性比赛的顺利进行。

（四）发现式体育教学模式

1. 建立背景

发现式体育教学模式是指通过体育教师的指导，学生能够独立地研究和发现事实和问题，从而更加深刻地掌握相关原理和知识的一种教学模式。这种教学模式主要强调学生的直觉思维、内在的学习动机以及教学过程三个方面。

2. 指导思想

发现式体育教学模式是教师通过适当地对学生进行引导，让他们运用主观思维进行积极的思考、独立地发现问题、解决问题的教学方式。因此,这种体育教学模式的指导思想就是在体育教学中通过遵循学生的认知规律来考虑教学过程,体现以学生为主体,以学生为中心的思想。具体来说,其指导思想具体包括以下几个方面。

(1)着重增强学生学习的积极性和趣味性。

(2)调动学生思维的主动性,开发学生的智力。

(3)在以学生为主体的前提下,对学生进行指导。

(4)在将答案揭晓之前,要让学生自己去探索问题的答案。

(5)对问题情境进行设置,并使学生投入到教学情境中的过程更为自然,对学生的学习热情与积极性进行激发与鼓励。

(6)可以提高学生学习运动技能的效率,使学生更加深刻地领悟技能和知识,记忆更加牢靠。

3. 操作程序

发现式体育教学模式的操作程序如图 6-4 所示。

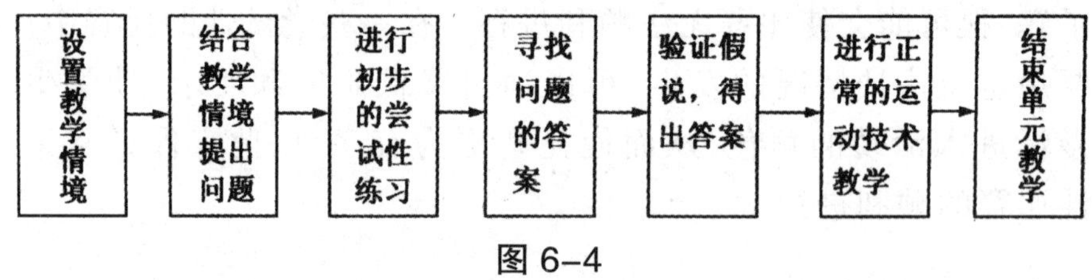

图 6-4

4. 主要优缺点

(1)优点

①发现式体育教学模式能调动学生学习的热情和积极性,提高学生的学习效率。

②发现式体育教学模式有利于开发学生智力,提高学生智力水平。发现式体育教学模式非常重视学生的智力发展,通过在学习过程中设置问题情境,激发学生学习的好奇心,进而提高其智力水平。

(2)缺点

①发现式体育教学模式会在问题的提出、讨论、解决等环节

占用大部分的教学时间，从而使得运动技能练习与巩固的时间相对减少，因此会对学生学习和掌握运动技能的效果产生影响。

②发现式体育教学模式还会受到不稳定因素的影响，所以从教学模式的评价来看，无法在短时间内对其他教学模式进行比较。

（五）选择式体育教学模式

1. 建立背景

在"健康第一"思想和新课程标准的影响下，为了更好地体现以学生为主体的教学观念，现代高校体育教学中出现了选项课。选项课的出现可以使学生在体育学习过程中依据自己的喜好和需要选择适当的项目学习。由于选择式教学模式具有较高的可行性和良好的教学效果，近年来在多所学校中已普遍使用，并受到体育教育工作者的高度重视。

2. 指导思想

选择式体育教学模式可以使学生自主选择的优势得到充分体现，自主选择所要学习的内容、学习进度、学习参考资料、学习伙伴、学习难度等，这样才能提高一个学生的学习积极性，同时也能够将学生学习的积极性和主动性充分调动起来，从而更好地对学生的学习能力进行有效的培养。

3. 操作程序

选择式体育教学模式的操作程序如图 6–5 所示。

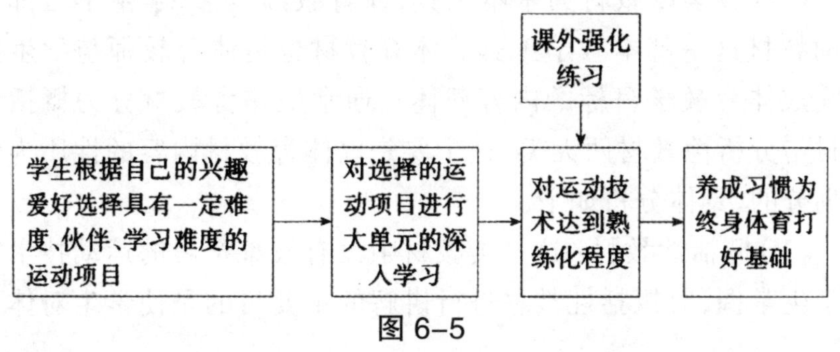

图 6–5

4. 主要优缺点

(1)优点

①学生自主选择学习内容,这不仅是学生主体地位的充分体现,而且也有利于提高学生的学习兴趣。

②通过学生根据自身的兴趣和需求来选择学习内容,能够更好地培养学生的自觉性、学习热情、学习态度、情感体验、克服困难的意志力等,也能提高学生的责任感。

(2)缺点

①根据目前相关教学实践来看,选择式体育教学模式虽然对有运动兴趣的学生有积极作用,但对于那些暂时还没有特别兴趣的学生在选择上会出现盲目性,也就是说,这种教学模式在目前还不适用全体学生。

②由于受到技术难度、趣味性、运动量以及考核评价等方面的影响,学习内容可能会导致学生功利性地选择运动项目,从而使得选择内容不均等,不利于教学活动的顺利进行。

二、新型体育教学模式的构建与应用

(一)新型体育教学模式构建的参考依据

新型体育教学模式的构建主要把握以下几个参考依据。

1. 参考体育教材性质

体育教学以教材为基本工具,体育教师教学、学生学习都要借助教材这一基本教学工具。体育教材也是体育教师与学生共同完成体育教学目标的内容载体。通常把体育教材分为概括性教材与分析性教材两大类,这主要是以体育教材内容的性质为依据划分的,具体分析如下。

(1)概括性教材:这一类教材中没有较难学习的运动技术需要学生掌握,对概括性教材进行讲解的主要目的是使学生对体育项目有简单的了解、培养学生体育学习的兴趣、促进学生的身心健康。学生在学习该类教材时主要注重体验乐趣，获取快乐，所以要构建并选用快乐式教学模式、情景式教学模式以及成功教学模式进行教学。

（2）分析性教材：这一类教材中的运动技术具有一定的难度，对这类教材进行讲解的主要目的是提高学生的自主学习能力与创新能力，促进学生体育知识与技能的增长，学生在学习该类教材时注重培养学习与创造力，所以要选择构建主动性体育教学模式、发现式教学模式以及领会式体育教学模式等进行教学。

2. 参考体育教学目标

体育教学模式构建与运用的关键是教学目标，体育教学模式需要体育教学思想与目标为其提供活力、指明方向。体育教学思想与目标也是区分教学模式的一个标准。体育教学目标在新课程改革之后有所变化，主要涵盖了以下四个方面。

（1）提高学生运动参与能力与积极性的目标。

（2）促进学生身心健康的目标。

（3）促进学生正确掌握运动技能的目标。

（4）提高学生社会适应能力的目标。

上述体育教学目标要求在体育教学中要构建与选用情景体育教学模式、探究体育教学模式以及成功式教学模式等进行教学。

3. 参考体育教学对象

体育教学活动离不开学生这一教学主体，体育教学活动中，学生也是其中非常重要的一个组成部分，所以要针对不同学生的具体情况与特点来对教学模式进行构建。学生的学习阶段按年龄大致可以分为小学、中学、大学三个时期。不同学习时期，学生的身体与心理情况是有明显不同的，所以体育教学模式的构建要考虑到不同学习阶段的学生的具体情况。

学生在大学时期，主要是接受专项体育运动教学训练，因此适合这一时期的体育教学模式有技能性体育教学模式，同时也要发挥体能性体育教学模式的辅助作用，所以对这两种教学模式的构建极其重要。

4. 参考体育教学条件

体育教学模式不同，其相应的教学条件也会有差异。不同地区或学校的体育教学条件具有明显的复杂性与差异性。以城市和农村地区为例，两个地区的经济水平差距很大，因此体育教学场所、设施与器材也有差距。针对这一情况，体育教师要实事求是，从实际出发，构建恰当的体育教学模式来完成教学目标与任务。农村学校的教学水平与条件有限，因此不适合构建并选用要求外部教学条件良好的小群体教学模式。

（二）新型体育教学模式的构建原则

1. 坚持教学目标、内容、形式、结构与功能的统一原则

从本质上讲，新型体育教学模式的建构是处理好高校体育教学活动中形式与内容、结构与功能的关键问题。所以，体育教师应该对各类体育教学课堂结构和形式的功能与作用进行全面分析，并以教学目标和条件为根据对教学模式做出比较合理的选择。

2. 坚持统一性与多样性的统一原则

（1）体育教学模式构建的统一性是指在构建和创造体育教学模式时，要继承新中国成立以来我国体育教学思想和成功经验。

（2）新型体育教学模式构建的多样性是指在开发和构建体育教学模式时应尽量实现多样化，避免单一化与程式化的不足。

3. 坚持借鉴与创新的统一原则

体育教学模式要坚持创新与借鉴的统一性。这里所说的借鉴具体是指借鉴两方面的内容，一方面要借鉴国外的先进教学模式理论；另一方面是要借鉴国内的先进教学模式理论与成功教学经验。

随着全球化趋势的加强，学校体育教学也必然会受到教育全

球化的影响,不对国外先进教学模式理论加以借鉴或借鉴之后缺乏创新都是故步自封的落后表现。因此要有机结合创新与借鉴,这样才能运用成功的经验,吸取失败的教训,不走或少走弯路。具体来说,统一借鉴与创新,就是要以正确的体育教学思想为指导,革新原有的落后的体育教学模式,借鉴前人和他人的成功经验和理论,结合教学中的客观实际,提高体育教学的效率。

(三)新型体育教学模式的构建步骤

概括地讲,新型体育教学模式的构建步骤主要如下。

(1)明确指导思想。选择用什么教学思想作为构建模式的依据,使教学模式更突出主题思想,并具有理论基础。

(2)确定构建模式的目的。在明确指导思想的基础上,确立建构体育教学模式所达到的目的。

(3)寻找典型经验。在完成第一步的基础上,通过调查研究,寻找恰当的典型经验或原型作为教学案例,案例要符合模式构建思想与目的。

(4)抓住基本特征。运用模式方法分析教学案例,对教学案例的基本特征与教学的基本过程进行概括。

(5)确定关键词语。确定表述这一体育教学模式的关键词。

(6)简要定性表述。对这一体育教学模式进行简要的定性表述。

(7)对照模式实施。对照这一体育教学模式具体实践教学,进行实践检验。

(8)总结评价反馈。通过体育教学实践验证,对实践检验的结果进行归纳总结,通过初步实践调整修正模式,并反复实践以不断完善。

(四)两种新型体育教学模式的构建与运用

1. 合作式体育教学模式的构建与运用

体育教学活动中,合作教学模式的运用有利于学生合作意识与能力的提高,有利于学生交往、实践及协调能力的增强,也有利于学生个性发展和终身体育意识的形成。

（1）合作体育教学模式的构建

①构建程序

首先,要以体育教学大纲规定的教学时间与教学内容为主要依据,对上课时间进行合理的分配与安排。通常,在体育教学活动中,体育理论知识教学占总教学时间的25%;学生体育能力培养占总教学时间的30%;体育技战术教学占总教学时间的45%。

其次,体育课堂教学之前,教师要做好课堂教学计划,即教案。制订教学计划时教师要加强与学生的合作,与学生一起探讨教学方法的选用。

②具体实施

A.明确教学目标

体育教学过程的第一环节就是要明确并呈现教学目标,这一环节中,体育教师的口头讲解与动作示范要有机结合学生的观察体验与思考,加强师生之间的沟通与交流。

B.对学生进行集体讲授

对学生进行集体授课时,体育教师要适当缩短授课时间,提高教学效率,从而留出更多的时间为下一环节(小组合作)做准备,教师要注意提高学生的学习积极性,善于运用一些新颖的问题来使学生的注意力集中到课堂上。

C.加强小组合作学习

学生的学习主体性以及学生之间的沟通与交流是小组合作环节的重点,学生要在小组合作学习中积极发表自己的意见,提高自己的主动性、积极性以及创新性。

D.实施阶段测验

体育教师在学生学习一个阶段后,对各个学习小组进行阶段测验,从而对学生在这一阶段的学习情况与效果有一个初步了解。

E.积极反馈

在反馈阶段，体育教师要综合评价学生在这一学习阶段的具体表现。学生在小组合作学习中获取的知识比较零散，系统性很差，所以教师要正确引导学生归纳所学知识，使之成为一个系统的知识体系，便于学生掌握与记忆。小组测试也是反馈的一个重要手段，通过测试反映出学生学习的不足，从而有针对性地对其进行纠正与完善。

（2）合作教学模式在体育教学中运用的注意事项

①更新教学观念

合作教学模式在体育教学活动中的运用要求对传统的体育教学观念进行更新，对学生的重要性进行重新认识，重视学生的主体地位，引导学生充分发挥主观能动性，尊重学生的人格，教师在教学中加强与学生的合作交流，以学生的具体情况为依据进行教学。

②注重学生主体意识的培养

首先，体育教师在体育教学活动中要想方设法来激发学生的思维与学习热情，然后引导学生积极发现与探索新问题、新情况，在引导过程中，注重学生自主意识和独立能力的培养。

其次，教师要注重自身的引导作用，通过提问、质疑等手段，引导学生把注意力集中到课堂教学中。

最后，教师主导性的发挥要以实现体育教学目标为出发点，倘若没有从教学目标出发，就谈不上学生主体性地培养了。

2. 启发式体育教学模式的构建与运用

“启发式体育教学模式指的是在体育教学活动中，教师以体育教学目标、教学规律以及学生的认知水平和年龄特点为主要依据，通过采取各种教学手段来引导学生独立思考、积极主动地获取知识、解决学习问题的过程。”[1]解决教学中出现的问题、提高体育教学的质量以及促进学生体育学习积极性的发展是体育教学模式的实质。

[1] 潘凌云．体育教学模式探讨[D]．华中师范大学，2002.

(1)启发式体育教学模式的构建

①对问题情境进行创设

体育教师在对问题情境进行创设时,要具体以体育教材的重点和学生的客观实际为依据。在创设问题情境的过程中,体育教师不仅仅要解决学生在学习中出现的问题,更要采取一定的方法与措施来引起学生的好奇心,使其主动提出疑惑,并积极思考解决疑惑,这样有利于学生学习热情的充分调动,有利于提高学生逻辑思考与客观分析及解决问题的能力。

②采用直观教学手段

体育教师在对学生进行启发的过程中,要尽量采用直观的教学方法手段,减少抽象概念的使用。直观手段具体是指多媒体、录像、图片等直观教具的使用,直观教学方法有利于学生学习兴趣的激发与提高,有利于学生以最为简单的方式清晰地掌握学习内容。

③采用多样化的练习手段

体育教师在引导学生进行练习的过程中,要以体育教学任务、目的和要求为主要依据,并要善于采取一些有助于启发教学的练习方式作为辅助学习的手段。除此之外,体育教师还可以以教材内容为依据对多样化的练习手段加以运用,以此来促进学生学习兴趣的提高,同时也能够提高学生的学习效果。

(2)启发式教学模式在体育教学中运用的注意事项

①对教材重点与难点有所明确

体育教材重点是学生要掌握的关键内容,教材难点是学生不容易掌握的教材内容。教师运用启发式教学模式进行教学时要以教材重点为中心,通过口头叙述、动作示范等各种教学方式来引起学生对教材重点内容的思考。体育教师也可以针对重点动作做一些生动、逼真的模仿,这样学生也能比较容易地掌握教学内容。除此之外,教师也要把学生的身心特点、认知能力和学习基础重视起来,遵循因材施教的教学原则,使每个学生的学习效率都能得到保障。

②对多元评价体系进行科学构建

评价学生的学习过程或结果主要是为了总结学生的学习效果,对学生学习体育达到一种督促与激励的效果。合理的评价有利于提高学生学习的积极性和主动性。评价的实施步骤具体为:评价标准的确定—评价情境的创设—评价手段的选用—评价结果的利用。评价讲究合理,不要求过于死板地对标准答案有严格的限制,根据具体情况保留一定的评价空间。教师在对学生的学习技能做出评价的同时,也要引导学生进行自我评价或学生之间的互相评价。

第三节　高校体育教学模式的发展与改革

一、高校体育教学模式的发展

随着我国高校体育教学的不断发展,高校体育教学模式的发展也呈现出新的发展趋势,具体如下。

(一)教学目标越来越情意化

根据对教学理论研究以及教学实践活动进行分析,表明在体育学习活动中,学生的智力因素和非智力因素所起的作用都是十分重要的。所以构建现代教学模式时,已经对传统的教学活动中对智力因素片面地强调,而对非智力因素的作用加以忽视的状况进行了改变,教学模式不仅仅局限在以增长学生的知识,培养学生的能力等方面为目标,而是要结合情感教育、人格教育、品德教育以及知识教育。而在人本主义心理学所受的重视日渐加强的情况下,教学中更加看重学生的情感陶冶,而情感活动往往是心理活动,因此这种教学模式能够有效培养学生的自立性、情感性和独创性。比如,情景教学模式、快乐体育教学模式等模式往往设有一定的问题情境，从而凸显出教学过程的复杂、新奇、趣味等一系列特征，在浓厚的兴趣、强烈的动机、顽强的意志等状态下，通过对体育知识技能的学习和掌握能够更加激发出学生的求知欲，因此体育教学的发展趋势有着很强的情意色彩。

（二）教学形式越来越综合化

教学模式的形式向综合化发展意指体育教学模式的发展方向更加注重课内课外的一体化。受限于课内学时与时间等因素，所以学生自动化的运动技能的培养与锻炼身体的习惯的养成促进是非常重要的，对于终身体育也能够积极地进行准备，而这些绝不能仅仅依靠课内的时间。因此，应当明确课内的任务主要是新知识点的学习，并且对错误的动作进行改进，所以要对课外的时间进行充分的利用，在此时间内积极进行强化练习、过渡练习，并且对已学的知识与技术进行系统的复习与巩固，养成经常锻炼的习惯，从而使运动技能真正做到熟练化、自动化。但目前的实际情况是，虽然体育课被重视的程度与日俱增，但课外体育活动的开展却不尽如人意，效果自然也就大打折扣。

从教学模式角度来进行分析，由于目前课外体育活动受重视的程度远远不够，所以在这一方面的教学模式研究相较而言也很缺乏力度，而当前“课内外一体化教学模式”尽管涉及了课内与课外相结合的教学，但这种模式并没有经过足够的教学实践的考验，其操作模式也并不明确，所以暂时这种模式并没有进入现有的体育教学模式体系当中，只有这种模式的理论与实践都成熟起来，它才能在体育教学模式的应用中占有一席之地。

（三）实现条件越来越现代化

当前课程改革非常重视信息技术在教学过程中的积极应用，因此需要将信息技术与学科课程整合到一起，从而使教学内容的呈现、学生的学习、教师的教学和师生互动等诸多方式的变革得以逐步实现，从而使信息技术的优势发挥到极致，使学生在学习和发展过程中能够获得丰富多彩的教育环境以及切实有效的学习工具。而现代化信息技术在课堂教学中的广泛应用也必然能够使教学模式的实现条件逐步走向现代化。运用体育教学模式时加以现代教学手段的配合能够使学生在学习时将视觉与听觉有机结合，从而取得更好的教学效果。

（四）评价标准越来越多元化

不同的教学模式需要用不同的方式进行评价。因此随着教学模式理论基础越发扎实，并且由于教学实现目标的情意化趋势，体育教学模式的评价方式也必然会有变化。单一的评价方式由于无法全面反映出一个模式的科学程度，因此必然会被多元化的评价标准所取代。

传统教学模式往往只重视终结评价所发挥的作用，而对于学生在体育学习和练习过程中的评价却极为忽视，所以学生的学习兴趣、爱好以及情感反应等方面的反馈都是不及时的。学生在期末考试时的成绩仅仅对学生某几项达标的表面成绩进行了记录，却根本没有深入学生学习的内在动机以及认识的提高层次。所以当代的体育教学模式必然会逐渐重视多元化的评价方法，从而对学生的学习过程评价、自我评价以及单元评价等方面更加重视。

（五）相关研究越来越精细化

进行理论研究就是要对实践研究进行指导，同时也能够有效地总结实践。如果理论脱离了实践，那对其进行研究将会毫无意义，但目前大多数理论研究存在的问题正在于这一点。因此，要加强研究的力度，取得更好的效果，将理论研究与实践研究相结合是非常行之有效的。

将理论与实践相结合，首先，能够使教学模式的研究与理论的研究趋势实现同步,从而使其从一般教学模式研究逐步发展到学科教学模式研究,进而使课堂教学模式研究也取得非常大的进展。其次,课堂教学模式的研究趋势则更加精细化,具体来说,教学模式有学期教学模式、单元教学模式、课时教学模式等。因此,精细化是现代教学模式研究发展的必然走向。

二、高校体育教学模式的改革

目前,常见的学校体育教学模式比较有限,但随着体育教学改革的不断推进和创新,还会有更多的教学模式不断出现,并且在学校体育教学中得到应用。而关于未来学校体育教学模式的改革,其改革侧重点与趋势主要表现在以下几个方面。

(一)重视学生的主体性

传统的教学模式对教师的主导作用的重视程度比较高,其将教学过程片面地归结于教师的教,而将学生的学忽视了,这就使得学生在教学过程中处于被动地位,对学生主观能动性和能力的培养产生了一定的阻碍作用。

随着以学为中心的教学理论的发展,传统意义上的师生关系有了较大程度的变化,他们的地位和作用也有了一定的改变。"教师中心论"逐渐被"教师主导学生主体论"取代。在这种新的教学观的影响下,体育教学模式也要进行一定的改变。具体来说,主要改革趋势为由教师中心教学模式向教师主导学生主体的教学模式的转变。教师主导学生主体的教学模式,对于学生创新能力、自学能力、探索能力的培养较为有利,在一定程度上调动起学生学习的能动性和积极性,除此之外,还需要强调的是,这与现代人才的培养理念是相符的,因此,可以将其作为体育教学模式的一个重要的改革方向。

(二)保留演绎型教学模式

教学模式形成的方法主要有由概括实践经验而成的归纳法和靠逻辑生成的演绎法两种。从一种思想或理论假设出发,设计成的一种教学模式,就是所谓的演绎教学模式,其中20世纪50年代以后产生的教学模式大都属于这一类型。演绎教学模式是从理论假设开始的,形成于演绎,其对科学理论基础非常重视。演绎教学模式的这一特点不仅为人们自觉地利用科学理论作指导提供了一定的可能,而且还为主动设计和建构一定的教学模式达到预期的目的奠定了一定的基础。由此可以看出,演绎型的体育教学模式的发展是教学模式发展的一个重要趋势,是与教学理论的发展和研究方向相符的,因此改革中要注意保留演绎型的体育教学模式。

(三)注重学生能力的培养

现代社会科学技术发展迅猛,知识增长迅速,终身教育的普及以及竞争压力的不断加大,这些都对人们的能力提出了更高的要求,单一的知识积累已经不能使当今社会的需求得到满足。因此,在体育教学过程中,必须在教学模式上进行一定的改进,因为只有这样才能够更好地培养学生的运动能力、一般能力、创造能力、自学能力和社交能力。

另外,在普及九年义务教育初期,就已经开始强调要使学生全面发展德智体美劳,而且在越来越多的实践活动中,人们已经充分认识到了能力的重要性。在这样的条件下,从强调知识的传授逐渐转向重视能力的培养就成为体育教学模式改革的一个重要方向,这样能够使学生在参与实践活动的同时,对自己有更加全面的认识,从而不断挖掘和培养自身的各项能力。

第七章　普通高校体育教学设计的发展与改革

体育教学设计是对体育教学的一种科学性规划。科学合理的体育教学设计对于体育教学过程的顺利实施、体育教学质量的提高和体育教学效果的优化具有重要的影响作用。在普通高校新课程改革下,重视体育教学设计的发展与改革是体育教学深化改革与发展的重要要求,也是体育教师不断提高自身专业素质水平的客观要求。本章主要对当前我国普通高校体育教学设计进行研究,旨在帮助体育教学工作者进一步提高体育教学设计理论认知,完善体育教学目标与组织设计,并实现体育教学策略构想的科学化,以促进高校体育教学设计的发展与整个教学过程的完善。

第一节　体育教学设计基本理论

一、教学设计与体育教学设计

(一)教学设计

关于教学设计的研究已经比较深入,但是目前,学术界还没有对教学设计的概念达成统一的认识。国内外不同的学者从不同的角度对教学设计进行了界定。

国外对教学设计的研究较早,教学设计这一学科也是由西方学者所创立的。比较有代表性的观点主要有著名学者布里格斯(Leslie J.Briggs)、加涅、瑞达·瑞奇等关于教学设计的论述,布里格斯认为,教学设计是“分析学习需要和目标以形成民族学习需要的传送系统的全过程”。加涅(R.M.Gagne)则认为“教学设计是一个系统化地规划教学系统的过程”。瑞达·瑞奇(Rita Richey)指出:教学设计是“为了便于学习各种大小不同的学科单元而对学习情景的发展、评价和保持进行详细规划的科学”。

我国对教学设计的系统研究开展的较晚,一些学者将教学设计看作是“为了达到一定的教学目的,对教什么(课程、内容等)和怎么教(组织、方法传媒的使用等)进行设计”的过程。也有一些学者提出教学设计“是运用系统方法分析教学问题、确定教学目标、建立解决教学问题的策略方案、试行解决方案、评价试行结果和修改解决方案的过程”①。该观点主要是基于学习理论、教学理论、传播理论等对教学设计进行的研究,并认为教学设计的主要目的是获得优化的教学效果。

通过国内外学者对教学设计的论述可以看出,虽然研究角度不同,但是在教学设计中存在不少共识,具体体现在以下几个方面。

(1)教学设计的目的是揭示教学设计工作规律,解决教学中的问题和需要。

(2)教学设计具有设计的一般性质,同时也必须遵守教学的基本规律。

(3)教学设计的理论学科基础是学习理论、教育心理学、传播学等学科理论知识。

综合上述观点,可以这样理解教学设计,即教学设计是在进行教学活动之前,教学执行者根据具体的教学目标的要求,运用系统方法对参与教学活动的各种要素进行分析和策划的一种过程。

① 杜俊娟.体育教学设计[M].北京:北京体育大学出版社,2007.

（二）体育教学设计

体育教学设计遵循教学设计的基本思路，体育教学设计在制度思想、基本思路、基本程序与其他课程教学设计是基本一致的，知识的具体的操作方案中突出了体育教学的特点。即体育教学设计应围绕体育这一学科的教学展开。

通过分析现代体育教学，现代体育教学是一种有计划、有目的的教学活动。根据对教学设计的理解，结合体育教学的特点、目标和要求，可以将体育教学设计表述如下，即体育教学设计是指为获得优质的教学效果，教学执行者在进行体育教学活动之前，以系统的思想和科学的方法为指导，以体育教育学的相关理论为基础，结合与体育课程有关学科（生理学、心理学和社会学等），根据体育教学自身的特点，在充分考虑学生身心发展和相互关系的基础上，对体育教学活动中“教什么”和“如何教”的问题制定的一种“低耗高效”的科学的、切实可行的体育教学实践操作方案。①

二、高校体育教学设计的特点

（一）超前性

就体育教学现状来说，体育教学设计在前，体育教学在后，也就是说，体育教师应该上体育课前先设计出该体育课的教学方案。体育教学设计与体育教学实践相比，具有超前性。

在高校体育教学实践中，体育教学的设计是为体育教学实践活动做准备的，对高校体育教学实践活动具有指导作用，因此，高校体育教学设计是一种对教学活动中可能出现的一切问题和情况进行的预测。

① 杨雪芹，刘定一．体育教学设计[M]．桂林：广西师范大学出版社，2005.

从本质上讲,体育教学设计只是体育教学活动的一种设想和预测,它是对即将进行的体育教学中可能产生的问题进行分析,并根据体育教育、教学理论和学生的学习需求针对教学活动中可能发生的问题提出解决方法的一种构想,是体育教师在进行体育教学之前对体育教学中可能发生的问题所做的安排或策划。问题及问题解决方案只是设想和预测,设计的当下也无法落实问题的解决方案。

(二)差距性

高校体育教学是一个动态的过程,受多种因素的影响,具有不确定性,高校体育教学设计是一种教学实施方案的构想,并不是体育教学活动本身,因此,体育教学设计和体育教学实践之间或存在一定的差距性。

在体育教学过程中,教学设计中的问题及其解决方案可能与实际教学过程中的问题存在一定的差异,体育教学过程的复杂性和多变性使得在实际的教学过程中很可能会出现这样或那样的问题,教师在体育教学设计中有可能不能考虑周全,体育教学设计者对体育教学中可能出现的问题的理解、对现有条件的分析、所采取的解决问题的方法等不能全面概括教学实践。因此,在体育教学的实践中,之前的体育教学设计方案中关于教学中各种问题的解决方案就需要教师结合体育教学的实际环境和条件进行适当的调整,具体来说,需要在教学中结合教学实际不断进行调整。

体育教学设计的差距性,并不意味着体育教学设计的毫无意义,恰恰应该认识到,体育教学设计是以体育与健康课程理念为基础,以学生的体育学习需要为基础,对高校体育教学实践具有指导意义,因此,这种差异只是问题表现形式的差异,体育教学设计中的解决方案仍具有可参考性和借鉴性,具有指导作用。

(三)创造性

体育教学设计的创造性是由体育教学的基本特点和现实情

况所决定的。具体分析如下。

首先,现代高校体育教学目标的多元化、体育教材的多功能性、体育教学方法和手段的多样性以及这些要素之间复杂的关系,决定了高校体育教学过程具有复杂性和不确定性的特点。

其次,现代体育教学过程是一个动态的过程,是非线性的、复杂的,体育教师在教学活动之前想完全控制和使之按照既定的计划发生、发展是不现实的。因此,体育教学设计必须创造性地解决教学实践中可能出现的一切问题,即高校体育教学设计具有创造性。

体育教学设计的创造性对于体育教师和学生的发展具有重要的促进作用。在高校体育教学实践中,体育教学富于变化的特性并非缺点,这种特性恰恰体现了体育教学的本质,为体育教学设计提供了创造性的设计教学的开放空间。因此,体育教学过程就是发展学生创造能力的过程,体育教学设计过程就是培养教师的创新精神的过程。体育教师创造性地解决教学过程中的问题的能力,对培养和提高学生的创新意识和创新能力具有重要意义。

体育教学设计的创造性要求体育教师必须具备创新意识和创新能力,只有这样才能较好地完成体育教学设计工作,才能设计、创造出多元、有效的体育教学方案。具体来说,应具有以下基本创新素质。

(1)具备一定的文化基础知识和较扎实的专业知识。

(2)具备主动适应基础教育的意识与能力。

(3)具备创造性的想象力和创造性的思维。

(4)具备一定的创新性和创造能力。

三、高校体育教学设计的理论基础

合理的体育教学设计方案的制定,需要体育教师必须拥有扎实的理论基础,以使得设计工作能够沿着正确的思路进行,最终获得预期的实用效果。对于体育教学设计来说,这个过程非常严谨、科学和系统,再加上与体育教学特点的结合,所以高校体育教学设计的过程是一个科学、系统、复杂的过程,考虑到多种体育教学要素的影响,这个过程有时甚至显得较为复杂。因此,在这种情况下,就更加需要教学设计者应用许多学科理论作为设计依据。在各种不同的学科分类中,与现代体育教学设计相关的理论很多,高校体育教学设计的基本理论基础主要包括以下内容。

(一)系统理论

1. 系统理论概述

(1)系统的构成

系统是一个集合。从字面词义来理解,"统"是元素及其关系的总和。系统论的创始人贝塔朗菲(L.V.Bertalanffy)认为,系统是"相互作用的诸要素的复合体"。系统理论认为世间万物都是以系统的形式存在的,整个自然界是由不同层次的等级结构组成的开放系统,任何客体都是由诸要素以一定结构组成的具有相对功能的系统,在系统中的个体处于永不停息的运动之中。

系统可大可小,由若干子系统构成,但无论系统的大小,系统的构成都应该满足以下三个条件。

①特定的环境。系统的存在需要一些能够满足系统存在的特定环境。系统存在于一定的环境中。系统是一定环境中的系统,它在一定的环境作用下,又作用于一定的环境,没有环境就没有系统。

②特定的元素。系统是由不同的要素组成的,其中,构成系统的主要元素称为要素,构成系统的各要素之间存在着一定的联系,形成结构,各要素之间相互依存,相互制约。

③特定的结构。系统之所以成为系统是因为构成系统的各元素之间存在着一定的相互联系,元素之间没有联系,不能构成系统。同样的元素以不同的结构形式组合有可能构成不同

的系统。

(2)系统的特点

①集合性。多种事物(子系统)集合为一个系统,系统是事物的集合,任何一个系统都是一个有组织的整体。

②整体性。系统是不同要素的统一体,两个或多个可以相互区别、具有不同功能的要素,按照作为系统整体所应具有的综合性(逻辑统一性)而构成系统。系统的功能要大于各要素的功能之和。

③相关性。构成系统的各要素是相互联系、相互依赖、相互作用的。

④目的性。任何系统都是指向特定的目标,通过系统功能,完成特定的任务。

⑤反馈性。系统的存在并不是一个恒定的事物,系统从总体上看有一定的稳定性,但是,由于一切事物都是处在运动中,为了保证自身的正常运行,系统必须通过反馈,使自己处于一种相对稳定、平衡的状态。这种反馈使得系统具有自我调节的能力。

⑥环境适应性。系统存在于环境中,与外部环境之间存在着相互作用,一方面,环境为系统提供一定的物质、能量要素(如信息);另一方面,环境对系统产生限制,便于系统运动。因此,系统要不断适应外部环境的变化来维持自身的完整性和正常运转。

2. 系统理论对高校体育教学设计的指导

根据系统理论的观点,体育教学也是一个系统,它隶属于教育领域这个大系统,同时其自身可以划分为多个要素和子系统包括学生、教师、教学内容、教学媒体等,每一个构成要素都是学习教学系统的一个子系统。系统理论为学校体育教学设计提供了系统分析方法,使体育教师能以一种整体观去把握和进行体育教学设计。

(1)体育教师。教师是体育教学的教授者,是高校体育教学活动中师生双边关系中重要的一环。在体育教学中,作为集体的教师队伍，有带头人、骨干和助手等要素，又有老年、中年和青年等要素；作为个体的体育教师，包含体育知识、运用体育方法、运用教学媒体以及主观努力程度等要素。

（2）学生。学生是体育教学的对象，作为知识的学习者和接受者，学生是体育教学系统中必不可少的要素之一，如果没有学生，那么教师也就没有存在的必要，教学也就无从谈起了。

（3）教学内容。高校体育教学内容主要表现为教材，它是和体育与健康有关的知识、技能、方法的体系。在体育教学实践中，教学内容决定着体育教师教什么和学生学什么，具体包含了教授体育与健康知识、教授体育与健康技能、发展学生智力、提高学生社会适应能力、培养学生体育情感等要素。

（4）教学方法。教学方法是指教师和学生为达到体育教学目的和完成教学任务，所采取的方式、途径、手段、程序的总和。常见的学校体育教学方法主要有动作示范、教具和模型演示、多媒体演示阻力和助推力、定向和领先等、讲解法、口令指示、间歇法、持续法、重复法、循环法、游戏法、比赛法等。可以概括为直观法、语言法和练习法。体育教学方法的合理选用对于整个教学系统的运转（教学过程及效果）产生重要的影响。

（5）教学媒体。教学媒体是指师生在高校体育教学过程中交换信息时承载和传递信息的工具。现代高校体育教学媒体主要包含语言、文字、动作示范等视觉要素和记录、储存、再现符号的实体要素，如图片、模型、电视、电影、录像、电脑模拟等。

在体育教学这一系统中，构成体育教学系统的各个子系统的构成要素的素质和结构决定了体育教学系统的整体功能和主要特点，同时，体育教学系统的各个子系统之间，是相互联系、相辅相成、有机统一的关系，它们在体育教学目标的支配下共同发生作用，共同影响体育教学系统。

（二）学习理论

1. 学习理论概述

学习理论以人类的学习(学习的本质及其形成机制)为研究对象,该理论旨在阐述学习的基本规律。从研究内容来看,学习理论属于心理学理论的范畴。学习理论强调的学习泛指有机体因经验而发生的行为变化。

现代学习理论的研究经历了一个较长的发展时期,国外学者对学习理论的认知可以分为三个流派,主要包括行为主义学派、认知主义学派和人本主义学派。不同学派对学习的性质有不同的理解和认识。

(1)行为主义学习理论:行为主义心理学家认为学习是“由经验引起的行为相对持久的变化”,他们强调学习刺激与反应的联结,主张通过强化和模仿来形成和改变行为。在教学设计早期,教学设计明显带有行为主义色彩,它主要吸取了行为主义的理论与方法。斯金纳的程序教学为体育教学设计的程序提供了依据。

(2)认知主义学习理论:认知心理学家认为学习是人自发的某种倾向性变化,且这种变化要保持一定时期以及不能仅仅是由于生存的需要,他们强调学习是认知结构的建立与组织的过程,布鲁斯是当代认知心理学的主要代表,他认为学习是认知结构的组织和重新构建,新旧知识的交互是新内容在学习者脑中获得新意义的重要过程。要求教学重视学生的整体性和发展式学习。

(3)人本主义学习理论:人本主义者认为学习应“以学习者为中心”,重视学生潜力的发展和自学能力的发展,他们强调学习是发挥人的潜能、实现人的价值的过程,要求学生愉快地、创造性地学习。现代人本主义主张教育者要以学生为中心,让学生通过切身学习获得经验,并让学生在学习中发现自我,学会尊重他人,建立自信心,促进独特个性的形成。

2. 学习理论对高校体育教学设计的指导

高校体育教学设计必须尊重学生、重视学生的体育学习需求,遵循学习的基本规律。因此,学习理论是学校体育教学设计的重要理论基础之一。现代学习理论的提出对于现代教学实践的影响主要体现在：学习理论给研究者提供学习领域的知识、分析探讨和从事学习研究的途径和方法；学习理论归纳和概括有关学习法则的大量知识，为了使学生更好地掌握以使其进一步的条理化、系统化和规范化；学习理论重视对学习的发生和发展过程的分析和解释，阐述了学生的学习效果参差不齐的原因。

结合学习理论的基本原理，高校体育教学设计应根据学生的体育学习需要，确定学校体育的教学目标、教学策略、实施方案和教学媒体，充分发挥高校体育教学的教育功能，提高高校体育教学质量，促进学生身心的全面发展。

具体来说，结合学习理论三大学派的不同侧重点，不同学派对高校体育教学设计的指导具体如下。

（1）行为主义学派：高校体育教学设计应重视对学生作业的分析、对教材逻辑顺序的研究以及对学生行为目标的分析。在此基础上，它还会考虑一些在教学中更为复杂的因素，从而优中择优，力求设计最优教学策略。此外，行为主义学派支持下的体育教学设计还强调及时对教学做出客观的评价，如此循环往复，获得正确的反馈以使程序设计更符合逻辑性，为体育教学设计的分析、设计和评价提供必要的理论基础。

（2）认知主义学派：高校体育教学设计中，教师应重视对学生特征的分析，重视对体育教材内容的分析，充分考虑体育教材内容的知识、技能结构和学生认知结构的协调性；与此同时，教师应关注高校体育教学设计模式、方法、手段的制定和教学媒体的选择，以达到学生在原有体育知识和技能以及认知结构的基础上，顺利完成对新知识和技能的同化和认知结构的重新构建，提高学生学习体育的积极性和主动性，促进学生全面发展。

（3）人本主义学派：在体育教学实践中，教师应充分挖掘学生的潜能，使学生能够愉快地、创造性地学习。结合人本主义学习理论，在高校体育教学设计实践中，教师必须重视对学生学习需要的分析，重视对体育教材内容的分析，重视对体育教学策略和学校体育教学过程的分析，培养学生对体育学习的积极情感和良好动机，变“要我学”为“我要学”，使学生通过体育学习获得对自己有价值、有意义的体育与健康的知识和技能。总之，整个体育教学设计应旨在以学生为中心，尊重学生的情感体验，发挥学生个性。

（三）教学理论

1. 教学理论概述

教学理论是研究教学本质和一般规律的科学。由于需要通过规律性的认识来确定教学的各种条件与方法，因此，教学理论属于规定性理论，对教学设计具有重要的指导意义。

古今中外的教学理论有很多，在国外，教学理论经历了萌芽时期、近代形成期、现代发展期三个时期。萌芽时期，苏格拉底、柏拉图等人提出问答、对话、模仿、练习等教学方法；近代形成期，捷克教育家夸美纽斯提出教育目的、内容等必须适应儿童年龄特征的“大教学论”，法国卢梭提出观察法、游戏法，充分肯定了教学中儿童的积极性的重要性，德国的第斯多惠提倡发现法和“一个坏的教师奉送真理，一个好的教师则教人发现真理”；现代发展期，美国杜威主张“儿童中心”和五步教学法；苏联的凯洛夫强调教师的主导作用和重视系统知识、技能的传授。我国关于教学理论的内容阐述最早可以追溯到春秋战国时期，古代孔孟的“学而不思则罔，思而不学则殆”“循序渐进”“举一反三”“因材施教”“循循善诱”等儒家教学思想以及近现代时期，蔡元培、陶行知等倡导教学要重视发展儿童的个性、发挥儿童主观能动性的教育思想都是比较实用的教学理论。尽管我国对教学理论的研究不够系统，但并不影响在教学实践过程中对教学理论相关内容的应用。

总结来讲，古今中外教学理论的研究对象和范畴主要包括以下几个方面。

（1）教学本质。解释教学过程的各种影响因素、组成结构及规律。

（2）教学价值、教学目的和教学目标。探讨教学目的、教学目标的制定依据以及教学活动的关系。

（3）教学内容。分析教师、学生与教学内容的关系，研究课程与教材的科学选择、调整和合理编排教学内容。

（4）教学模式、教学原则和教学组织形式，重点研究教学的手段和方法。

（5）教学评价。探讨教学评价的标准、要求、方法、过程，以为教学质量的提高和效果的改善建立完整的评判和反馈系统。

2. 教学理论对高校体育教学设计的指导

现代教学理论主要是通过规律性的认识来确定优化学习的各种教学条件与方法，要解决的核心问题是教师在教学过程中传授什么，如何传授，以及教学活动完成之后学生应该形成什么样的品质等。由此可见，教学理论对现代学校体育教学设计具有重要的指导作用。

（1）体育教学设计以教学理论为基础，是教学理论与教学实践之间的一座桥梁，体育教学设计需要设计者通过对教学理论研究的对象和范畴等的认识及其相互之间的关系分析，完成体育教学设计。

（2）体育教学设计以教学理论为基础，教学理论刚好能够合理解释其中遇到的种种问题。在体育教学实践中，教学设计是科学解决体育教学问题、提出解决方法的过程。

（3）体育教学设计以教学理论为基础，又可以为教学理论的改建与完善提供条件。体育教学设计在系统过程中为教学理论的应用实践创造了良好基础。

（四）生理学理论

1. 人体生长发育规律

（1）人体生长发育规律概述

人体的生长发育具有一定的规律，即使不同个体之间存在一定的差异，但人体是在一个连续、统一、逐渐统一的过程中生长发育的，随着年龄增长，不同个体在生理方面所表现出来的规律和特征是统一的、基本一致的。具体来说，在人体的生长发育过程中，会受到各种因素的影响，如社会环境、体育锻炼、遗传、营养等，因此个体发育差异是不可避免的，但不同的个体之间遵循着共同的基本规律。主要体现在身体形态、生理机能和身体素质等方面表现出明显的年龄特征、性别差异，有身体素质发展的特殊敏感期等，它们相互依存、相互影响、相互制约。详细分析如下。

①身体形态随着年龄的增长而变化，但在各个年龄阶段会呈现出一定的阶段性特点。

②个体的身体机能发展和完善表现在骨骼肌肉系统、神经系统、呼吸系统以及心血管系统的功能变化上，各个系统的特点和功能都会随着生长发育的不同阶段呈现出较大的差异。

③个体身体素质也随着身体的增长发生变化，出现了年龄特征和性别差异等。

（2）人体生长发育规律对高校体育教学设计的指导

人体生长发育规律对体育教学设计的指导和影响作用主要表现在，要想设计出真正体现新体育课程理念、高效完成新体育课程目标和任务的体育教学方案，就必须在体育教学设计中遵循学生的生长发育规律，重视生理学各种规律对体育教学的制约和影响作用。

学生的身体练习是体育教学的重要教学手段，体育教学的目的之一是促进学生的健康、增强学生的体能，促进学生的和谐全面发展。因此，体育教学设计就应该为了尽力去挖掘体育教学在促进学生生长发育、提高学生的身体机能、增强学生的体能等方面的有效性等服务。具体来说，应做到以下几点。

①体育教师抓住学生生长发育的不同时期的特点，有针对性地促进学生的身心健康发展。

②体育教师对学生的学习需要和具体特征的分析，尊重学生

的生理发展特点，以便准确确定体育教学中存在的问题和教学起点。

③体育教学工作者在设计具体的体育教学方案设计时，要充分认识到教学对象的生长发育的规律、有机体的机能的特征以及不同年龄阶段学生的身体素质特点。

④体育教师对体育教材内容的确定或创编，应充分考虑学生的生理发展特点，使选择的体育教材内容充分发挥其在体育教学中的载体作用，以促进体育教学目标和任务的完成。

⑤体育教师对体育教学目标的制定、体育教学策略的选择和体育教学过程的安排，要遵循学生的生理发展特点，以设计出适宜的体育教学目标、有效的体育教学策略和合理的体育教学过程。

2. 生理机能适应规律

（1）生理机能适应规律概述

适应是使有机体内外环境不断取得平衡的过程。生理学研究表明，正常情况下，人体各器官系统的活动相互制约、相互协调等处于相对平衡的状态。这种相对平衡的状态是人体生命存在和人体机能正常活动的必要条件。机体生物适应规律指出，当外界环境发生变化时，机体内环境的相对平衡受到破坏，体内的各种功能就要重新进行调整以维持机体内外环境的相对平衡，以适应环境变化。在体育教学中，学生参与体育活动进行身体练习的过程中，机体对运动和内容的适应需要经过以下几个阶段。

①刺激阶段：机体接受来自各方面的运动刺激。

②应答反应阶段：在运动负荷的刺激下，机体内部各器官和运动系统的功能产生兴奋。

③适应阶段：机能进入良好的工作状态。

④衰竭阶段：不良运动负荷引起机体的不良反应，如过度训练导致机体过度疲劳和诱发损伤。

（2）生理机能适应规律对高校体育教学设计的指导

身体机能适应规律在教学中的应用，要求教师和学生必须充分认识到学生在系统的体育教学和锻炼过程中，身体内部会逐渐产生一系列的生化性变化和物理性变化，这种变化随着经历体育教学活动和锻炼时间迁移形成量的积累，机体内部形成新的平衡，适应的结果表现为学生的身体机能和身体素质的提高。

需要特别注意的是，学生生理机能水平的提高，必须建立在科学负荷的基础之上，因此，体育教师必须合理安排负荷，并结合学生的身体变化和技能掌握情况有序增加负荷量与强度，促进学生机能的良性发展。

3. 动作技能形成规律

（1）动作技能形成规律概述

个体动作技能的形成遵循一定的规律，人体掌握运动技能的生理本质，就是人体建立运动条件反射的过程。对于人体来讲，运动技能与一般运动条件反射是不相同的，二者的区别在于运动技能的形成具有连锁性、复杂性以及本体感受性。

生理学研究表明，个体的运动技能形成是按一定的技术要求，通过练习而获得的精确、流畅和娴熟的身体运动能力，它也指在准确的时间和空间里在大脑皮质主导下的肌肉的协调能力。运动与训练中，运动者的运动技能的形成过程是一个渐进的、连续的过程，具体来说，可以分为泛化过程、分化过程、巩固过程和自动化过程等不同的过程或阶段。

（2）动作技能形成规律对高校体育教学设计的指导

体育教学过程的顺利进行和体育教学目标的实现要求体育教师在教授学生运动技能时遵循个体动作技能的形成规律，具体来说，在体育教学设计中，体育教师对体育教学目标的制定、体育教学策略的选择以及体育教学过程的组织和实施等，都要严格地遵循个体运动技能的形成规律，只有这样，才能制定出准确而适宜的知识、技能学习目标，设计出实用性好、针对性强的体育教学手段和教学方法，才能较好地实施和控制体育教学过程，提高体育教学与训练的质量与效果，以成功完成体育教学任务、达成体育教学日标。

（五）心理学理论

在体育教学中，为了更好地实现体育教学目标，增强学生的体能、智能、技能和促进心理健康发展，就必须了解不同建立阶段的学生的心理特征，同时把握学生体育学习的心理影响因素。

首先，高校大学生会表现出特定年龄阶段的心理特征（气质、性格、能力）和个性心理倾向（需要、动机、兴趣、世界观），对此，体育教学的设计要充分考虑大学生的心理发展特点，合理设计教学过程和各要素，以便使整个教学过程符合大学生的心理发展特点，以充分调动大学生体育参与和体育学习的积极性与主动性。

其次，从心理学角度分析，影响体育教学过程中，学生的体育学习的心理因素是多方面的，如运动知觉、心理定向、思维、想象、注意力、情绪、意志、精神活动特点与个性特征等。

（1）心理定向是指动作开始以前以及完成动作过程中心理的准备状态和注意的指向性，它对于掌握和提高技术动作非常重要。

（2）运动知觉是一种十分复杂的知觉状态，准确、协调的运动操作，是以高度分化的运动知觉为基础的。

（3）情绪对个体对动作技术的掌握起着非常重要的作用，良好的情绪可以增强人的活动能力，而不良情绪会直接影响运动者对技能的理解与掌握。

（4）意志与行动之间关系密切，坚强的意志对于学生掌握动作技能，完成训练任务、提高体能水平和运动水平具有重要作用。

（5）注意力是个体心理活动对一定对象的选择性指向和集中，它对于学生接受新的知识和技能速度具有重要的帮助作用。

遵循大学生心理发展特点，并以此为依据进行高校体育教学设计。这是设计高质量体育教学方案的重要前提和基础。①

① 杨雪芹，刘定一．体育教学设计[M]．桂林：广西师范大学出版社，2005.

（六）传播学理论

1. 传播理论概述

传播就是信息的传递。在传播学中，信息是反映各种事物的特征和变化的组成。威尔伯·施拉姆认为，信号的传播和接收模式包括四个要素，即信息发送者、信号、信息通道、信息接受者。信息传播的过程具体表现为：信息发送者通过各种媒体，使用各种方式（语言、手势、表情、语调等）发送信息→信息接收者对信息发送者发送的信息进行编码（按自己的理解为其附加一定的意义）→被编码后的信息通过信息传播通道反馈给信息发送者，或再播出去（见图 7-1）。

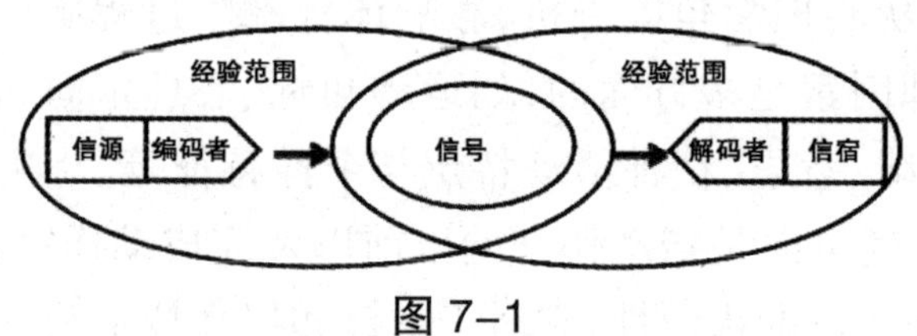

图 7-1

正确地理解施拉姆传播理论及其模式，应认识以下几点。

（1）在一个完整的传播模式中，有效的传播不仅包括信息发送，也包括信息反馈。信息反馈在于确认发出去的信息准确无误地传递、信息传播通道的选择是否能获得最佳传播效果等。

（2）在传播过程中，信号的形式和结构影响着信息的接收。信号中所包含信息的组织化程度是传播过程中的一个关键因素，一般地，接收者控制信号的程度越高，传播的效果越好。而那些无序的信号会因缺乏结构而被人遗忘。

（3）传播有四种形式，即个人间传播、小组间传播、机构间传播和大众传播。不同的传播形式信息传播效果不同，传播途径也不一样。

2. 传播理论对高校体育教学设计的指导

从传播学的角度来看,高校体育教学过程也是一个信息传播的过程。在现代教学中,传播理论的基本思想和观点对教学媒体的分析和选择具有重要的启示。科学选择教学媒体对学生更加有效地接受、理解教学信息,提高现代高校体育教学质量具有重要意义。

在高校体育教学系统中,运用传播理论可以清晰地揭示该系统中各要素之间的相互关系和动态联系,了解师生面对面的信息(体育教学内容)传播过程(见图 7-2),从而为学校体育教学设计者设计教学过程提供理论支持。

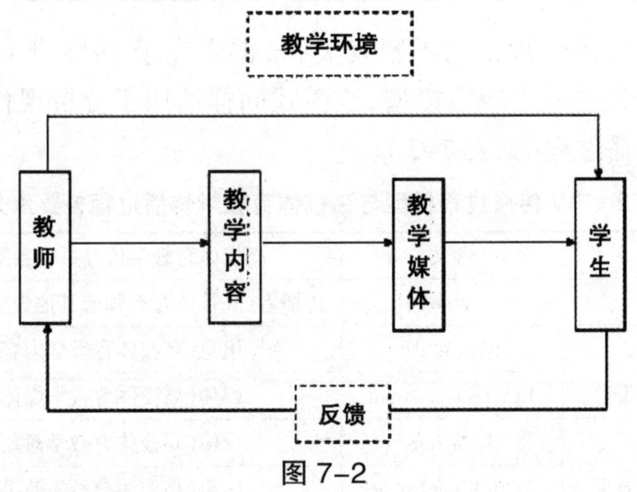

图 7-2

具体来说,传播理论对高校体育教学设计的指导表现在以下两个方面。

(1)高校体育教学过程的模式及各要素分析

在传播学领域,不同学者对信息传播的要素都进行了深入研究,随着传播学的不断发展,关于信息传播过程的要素构成的分析也不断精细化,对此,相关学者先后提出了信息传播的"5W"模式、"7W"模式,具体分析如下。

"5W"模式最早用于大众传播,由美国政治家哈罗德·拉斯韦尔于 1948 年正式提出。该模式清晰地描述了大众传播过程中的五个要素和直线式的传播模式,这些要素为研究学校体育教学过程、分析学校体育教学传播活动、解决体育教学设计中的各种因素和问题具有一定的指导作用(见表 7–1)。

表 7–1 5W 传播过程模型与高校体育教学传播过程各要素分析

5W	含义	高校体育传播过程的各要素
谁	Who	传播者(高校体育教师或其他教学信息源)
说什么	Says What	讯息(高校体育教学内容)
通过什么渠道	In Which Channel	媒体(高校体育教学媒体)
对谁	To Whom	受体(高校体育教学对象)
产生什么效果	With What Effect	效果(高校体育教学效果)

随着传播学理论的不断发展,布雷多克于 1958 年提出了新的传播模式——“7W”模型,该模式同样适用于分析现代高校体育教学传播过程(见表 7–2)。

表 7–2 7W 传播过程模型与高校体育教学传播过程各要素分析

7W	含义	高校体育教学传播过程各要素
谁	Who	传播者(高校体育教师或其他教学信息源)
说什么	Says What	讯息(高校体育教学内容)
通过什么渠道	In Which Channel	媒体(高校体育教学媒体)
对谁	To Whom	受体(高校体育教学对象)
产生什么效果	With What Effect	效果(高校体育教学效果)
为什么	Why	目的(高校体育教学目的)
在什么情况下	Where	环境(高校体育教学环境)

结合信息传播模式和要素构成研究,在高校体育教学传播过程所涉及的各个要素中,传播学理论通过指导教学设计者关注和理解这些要素及其之间的相互关系,来合理设计体育教学方案,以实现体育教学中信息传递的快速、准确、有效,并使教师收到学生的学习反馈。

(2)高校体育教学过程的双向性

传播学理论认为,传播具有双向性和互动性,即信息传播过程包括信息传播后的反馈环节,反馈机制使得传播过程不断循环进行。根据学者奥斯古德和施拉姆所提出的奥斯古德－施拉姆传播模式强调传播者和受传者都是积极的传播主体(见图 7-3)。

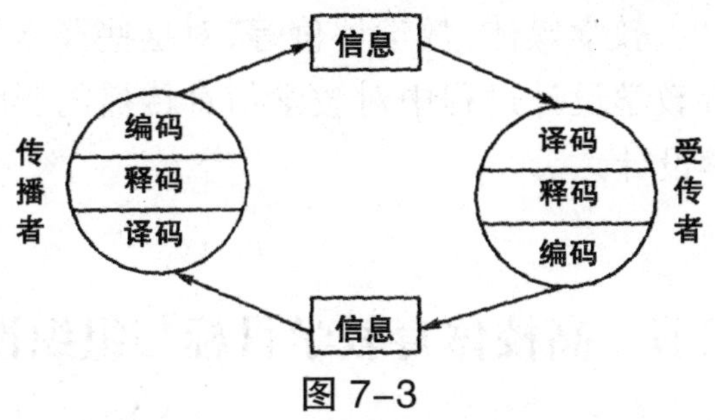

图 7-3

具体到高校体育教学中,教学信息的传播也具有双向性和互动性,信息是在教师和学生双方的传播行为中实现的,因此,高校体育教学过程的设计必须重视“教”与“学”两个方面,要求教学设计者充分利用反馈信息,发现体育教学过程中的问题和不足之处,并及时进行有针对性的调整,以保证教学信息的顺利传播。

3. 传播过程要素构成学校体育教学设计过程

完整的信息传播包括传播内容、受众、媒体、效果等诸因素,对这些要素进行分析和研究,有利于科学指导高校体育教学设计。传播过程要素与高校体育教学设计过程要素之间的对应关系具体参考表 7-3。

表 7-3　传播过程要素与高校体育教学设计过程要素的对应

传播过程要素	高校体育教学设计过程要素
为了什么目的	学校体育学习需要分析
传递什么内容	学校体育学习内容分析
由谁传递	学校体育教师、教学资源的可行性
向谁传递	教学对象(学生)分析
如何传递	学校体育教学策略选择
在哪里传递	学校体育教学环境分析
传递效果如何	学校体育教学评价

体育教学设计包括诸多要素，在体育教学过程中，为保证体育教学效果的良好实现，要充分考虑过程中的各个构成因素，如学习内容、学生、教学媒体、教学评价等，对这些要素要认真分析，明确其在体育教学设计过程中对教学信息传播的影响，以便合理进行体育教学设计。

第二节　高校体育教学目标与组织设计

一、高校体育教学目标的设计

关于体育教学目标的概念及内涵在本书第一章已经详细介绍，现代体育教学目标是体育教学的出发点和归宿，它决定着高校体育教学的方向。高校体育教学目标一旦确定下来，就会成为其他的高校体育教学设计环节的核心，高校体育教学其他方面的设计都要围绕体育教学目标展开。可见体育教学目标在体育教学设计中的重要性。

（一）体育教学目标设计的原则

（1）科学性原则。科学性原则是体育教学目标设计的基本原则，具体来说，在高校体育教学目标的设计过程（体育教学的每一个环节设计）中，都要体现出体育学科的特点和规律，不仅要体现教学领域全面性，还要突出体育教材的特点、重点和难点。

（2）系统性原则。系统理论是高校体育教学设计的基本理论，因此高校体育教学目标要遵循系统性原则。在高校体育教学目标的设计过程中，设计者应充分考虑体育教学系统的各个具体目标以及具体的教学目标之间的有机联系。逻辑清晰、层次分明地设计高校体育教学目标，为实现高校体育教育总目的奠定基础。

（3）可测性原则。高校体育教学目标设计的可测性原则具体是指,教学目标设计应符合学生的身心发展状况,能在教学实践中利用现有技术手段进行定性或定量测评,以便于及时调整。

（4）发展性原则。促进学生发展是高校体育教学的终极目标,在高校体育教学中,为了促进大学生身心健康的可持续发展,体育教学目标的设计既要着眼于现在,又要放眼未来,体现出发展性特点。

（5）灵活性原则。高校体育教学目标设计,是对体育教学所达成效果的一种预测和构想,而体育教学实际情况是复杂多变的,因此教学设计者应根据学校体育教学实际情况灵活编制,要求体育教学目标的内容和水平有弹性,有调控余地。

（二）体育教学目标设计的步骤

根据高校体育教学设计的基本理论知识,结合体育教学设计的基本特点,在设计高校体育教学目标中,可以通过以下几个步骤实现高校体育教学目标的设计科学与合理性。

第一步：分析体育教学对象——学生。大学生是高校体育教学过程中双边关系中重要的一边,因此分析体育教学对象是十分必要的。应根据学生的一般特征(包括生理特征和心理特征)、学习风格(如信息加工风格、感官感知)、学习需要、学习基础(如身体条件、知识基础、理解能力)等设计体育教学目标。

第二步：分析体育教学载体——教材内容。分析体育教学教材的具体内容有助于教师确定体育教学内容的范围、深度、特点、功能,并明确体育教学内容中各项知识之间的关系(见表 7-4)。教学内容选择应依据单元教学计划的安排进行。在高校体育课程教学实践中,课时计划必须根据单元教学计划的内容安排。

表 7-4　分析体育教学内容步骤

步骤	内容	说明
1	单元体育学习任务的选择与组织	教学准备
2	单元学校体育教学目标的确定	

续表

步骤	内容	说明
3	体育教学任务分类	教学基础
4	体育教学内容的评价	
5	体育教学任务分析	教学提高
6	体育教学内容的进一步评价	

第三步：确定体育教学目标。高校体育教学目标的确定应合理、科学，一般来说，一个完整、明确的高校体育教学目标应包括教学对象、教学对象的体育行为、确定行为的条件和程度四个部分。教学目标设计者对体育教学目标的表述要尽可能用明确的语言，单元教学目标的陈述要尽可能详细、具体，并明确体育教学目标在纵向和横向体系中的位置及与其他目标的关系（见图7–4）。便于教师和学生明确，在高校体育教学的“教”与“学”中都做到心中有数，使整个体育教学过程能有针对性地合理开展。一般地，教学目标应涵盖运动参与、运动技能、身体健康、心理健康和社会适应五个学习领域的目标，并突出体育课教学内容的性质和特点。

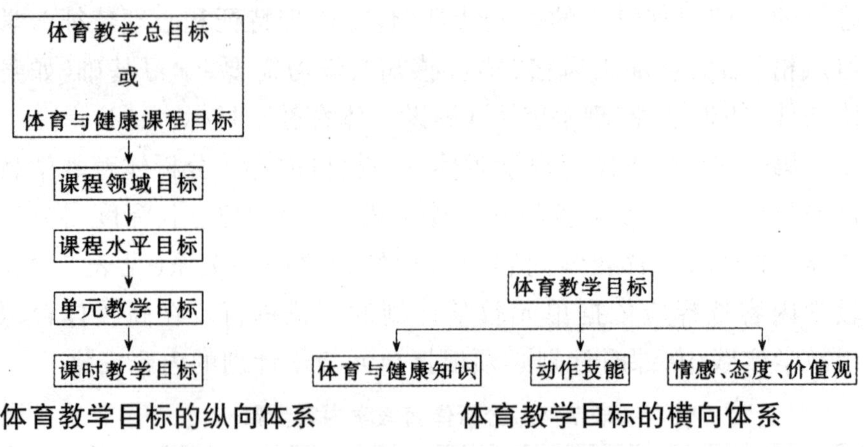

体育教学目标的纵向体系　　体育教学目标的横向体系

图 7–4

二、高校体育教学组织的设计

（一）体育教学组织的概念

教学组织是指为完成特定的教学任务，教师和学生按一定教学思想、教学目的、教学内容以及教学的主客观条件，组合起来进行活动的方式。

体育教学组织是关于体育学科的教学活动组织，高校体育教学组织具有可变性，从宏观角度来说，体育教学组织是随着社会、经济、政治、科学和文化的发展以及人才需求的不断增长而不断发展和完善的。从微观角度来说，体育教学组织应根据体育教学对象特点、体育教学内容、体育教学环境等进行适时调整。

（二）体育教学组织形式设计

高校体育教学组织形式设计是对体育教学过程中的人、财、物、时空等的设计，主要涉及内容就是教学组织形式的精选和灵活运用，教学组织形式设计应为实现体育教学目标服务。

体育教学组织形式是实施体育教学活动的关键所在，教学组织形式是否科学、合理、适当会直接影响体育教学效果。因此，设计过程中，应充分考虑教师和学生、教学设施、教学的时间和空间、教学内容、教学目标等因素。

合理有效的体育教学组织与措施可充分发挥体育教学设计的作用，有利于提高体育教学效率，提高学生在教学过程中的练习密度，从而有效地增强学生的体质，有助于体育教学目标的实现。

（三）体育课组织形式设计

1. 体育课程水平教学计划设计

高校体育课程水平教学计划对体育教学课应该达到什么样

的程度具有重要的思想和方向指导,是体育教学组织设计的重要内容。

体育课程水平教学计划设计步骤具体如下。

第一步:研究体育课程的水平目标。课程标准中的水平目标是国家对相应学习阶段学生体育课程学习的基本要求,对各地方、学校制订体育教学计划、选择体育教学内容具有重要的指导意义。

第二步:分解体育课程的水平目标并仔细研究其内容。将体育课程的水平目标安排到各学段的每一个学期中,并注意不同课程水平目标的先后顺序和有机联系。

第三步:科学选择能促进体育教学目标实现的教学内容。教学内容的选择应既有运动技能,也有理论知识,同时根据各学段学生的实际水平和目标要求,有比例地安排教学内容。

第四步:结合本校实际,科学安排体育课程的教学时数。具体参考学校实际情况,分配全年教学时数、学期教学时数以及各教学内容或单元教学内容的时数。

第五步:制订体育课程的水平教学计划:体育课程水平教学计划的设计应既符合体育教学目标及其内容要求,又简便、实用。

2. 体育课程单元教学设计

高校体育课程单元教学计划在水平教学计划与课时教学计划之间起着承上启下的作用,它是制订课程计划的依据,单元教学计划是水平教学计划的细化,是高校体育总的教学目标与教学内容在一定的时间范围的几个部分的有机集合。

体育课程单元教学设计步骤具体如下。

第一步:根据高校体育课程水平计划的学习目标及其内容标准,确定体育课程单元教学计划的学习目标。

第二步:根据体育课程水平计划的学期内容,确定单元教学内容。

第三步:根据单元教学内容,确定学习步骤、课时数。

第四步：根据学生身心发展特点在体育课程单元教学计划中安排一些辅助性的教学内容，促进学生身心素质的全面发展。

第五步：设计体育课程单元教学计划。

3. 体育课程课时教学计划设计

高校体育课程课时教学计划的设计应考虑各种体育活动时间的安排问题。在高校体育教学实践中，如何充分利用一节课的有限时间，以便获得最佳教学效果，应是教师关注的重要内容。

在一节体育课的课时分配中，教师应为学生实践训练留有充分的活动时间，使学生有机会提高运动技能和运动水平。

4. 体育课堂常规设计

严格的课堂规则对师生的“教”与“学”有着一定的约束和要求，有助于良好教学秩序的建立和维持，同时对学生良好思想品德的养成以及身心健康发展有着积极的促进作用。体育课堂常规包括道德常规、秩序常规、人际常规、学习常规、安全常规等内容。课堂常规设计应注意以下两点。

（1）课堂常规的设计要根据体育教学目标灵活安排，并非要整齐划一。

（2）课堂常规的设计要根据教学目标的要求，引导学生设计自我管理的课堂常规，以体现学生的主动性和主体性。

5. 体育教学场地与器材设计

体育教学场地与器材是实施体育教学的物质保障。该项设计要遵循经济、实用、高效的原则，充分发挥场地与器材的潜在功能。教学场地与器材使用的设计具体要求如下。

（1）要能为体育教学目标的实现提供最大的物质支持。

（2）要有利于学生队伍的调整和调动，有利于教师对全体学生的指导和管理。

（3）要能激发学生体育学习的兴趣、积极性与主动性。

（4）要保证体育教学过程的安全。

第三节　高校体育教学策略设计构想

一、体育教学策略概述

（一）体育教学策略的概念

体育教学策略是体育教学设计的重要环节，具体是指体育教师为有效地完成特定的体育教学目标而采用的体育教学组织形式、教学方法、教学手段等因素的总体思路、谋略或智慧。

在体育教学中，体育教学策略的主要目的是解决体育教学中教师“如何教”和学生“如何学”的问题。

（二）体育教学策略的特点

（1）指向性。高校体育教学策略可以为体育教师制定课堂教学策略提供一个大的方向，体育教学策略是为实现教学目标设计的，是为解决现实的教学问题而提出的具体方案，是为完成具体教学目标而采取的针对性措施，具有明确的指向性。

（2）综合性。体育教学系统涉及诸多因素，因此，体育教学策略不是某一单方面的教学谋划或措施，而是某一范畴内具体教学方式、措施等的优化组合。因此，体育教学策略应综合考虑体育教学目标、教材内容、教师、学生和教学环境等多种因素。

（3）多样性。体育教学过程复杂多变，体育教学策略是一种教学问题的解决方法，只有实现多样化，才能满足多变的体育教学需要。

（4）可调控性。体育教学策略的可调控性主要表现在它能使体育教师及时把握和调整体育教学过程，灵活组织体育教学活动。

（5）可操作性。体育教学策略是针对学校体育教学目标的每一具体要求而制定的有针对性的方法、技术与实施程序，因此，它必须具有可操作性，否则就会成为一纸空谈。

二、高校体育教学策略设计构想及实施

（一）体育教学策略设计的依据

（1）教学目标。体育教学策略是完成特定学校体育教学目标的方式，教学策略应符合体育教学目标的要求。

（2）学习和教学理论。体育教学策略是保证体育教师教学实施、促进学生学习的方法，体育教学策略的设计应以教师的教学理论与学生的学习理论为理论基础，突出科学性。

（3）教学内容。内容决定方式，高校体育教学策略就是高校学校体育教学内容的方式。

（4）教师能力。教师是教学策略的执行者，高校体育教学策略的设计必须充分考虑教师的条件，再完善的教学策略，如果教师不能驾驭，也是无效的。

（5）学生特点。体育教学策略直接作用于学生，学生是教学策略的执行对象，因此，体育教学策略必须围绕学生展开，充分考虑学生的特点。

（6）教学条件。教学策略的实施会受到学校客观教学条件的制约，因此，制定学校体育教学策略要充分考虑高校体育教学的环境与客观条件。

（二）体育教学策略设计的原则

（1）指导性原则。高校体育教学策略的设计应具有一定的指导作用，在学生尝试做出所要学习的行为表现时给予指导和提示，同时避免学生过分依赖教师。同时，在设计高校体育教学策略时，应明确阐述教学目标，并尽量展示出学生在学习结束后所

应产生或完成的行为表现,使学生对需要掌握的知识技能有学习的方向性。

(2)科学性原则。高校体育教学策略的设计应逻辑清晰、层次分明、内容完整,使学校体育教学内容的层次与学生的学习程序有机结合起来。

(3)发展性原则。高校体育教学策略要能使学生在学习中获得成功,为进一步学习新知识、完成新的学习任务奠定基础。高校体育教学策略的设计应调动学生的学习兴趣和积极性,使学生产生学习的欲望,增进其进行学习的内驱力,注重不断或定期地练习新学的知识和技能能够促进记忆和迁移,不断提高学生知识和技能的运用能力,促进学生发展。

(4)以人为本。高校体育教学策略的设计应体现"以人为本"的体育教学特点,充分考虑不同学生的差异性,重视学生的身心健康发展,促进每一个学生都能在各自的原有基础上不断提高和进步。

(三)体育教学策略设计的步骤

第一步:确定体育教学顺序。体育教学的顺序是指教学过程进行的前后次序,主要包括体育教学内容呈现顺序、体育教师活动顺序、学生活动顺序三方面内容。其中,体育教学内容呈现顺序是主线,体育教师活动顺序和学生活动顺序是第二位的。这三方面相互联系、相互配合,注意各方面内容顺序的合理安排。

第二步:设计具体的教学形式。体育教学组织形式是教师与学生为实现体育教学目标所采用的各种方式,科学地确定学校体育教学组织形式,有助于培养学生的体育情感、提高学生的学习质量、发展学生的个性。当前高校体育教学具体组织形式主要包括班级教学组织形式(或称全班教学)、分组教学组织形式、个别教学和复式教学四种。应结合教学需要和学生学习需要选择合理的教学形式。

第三步：选择体育教学方法。现代高校体育教学实践中，合理选择体育教学方法有利于调动学生的积极性和主动性，提高体育教学质量，优化教学效果。教师在选择体育教学方法时，应充分考虑具体的教学目标和任务，教材内容的性质和特点，学生的实际情况，教师自身条件，教学条件以及教学方法自身的功能、适用范围和使用条件等（见表 7-5）。

表 7-5　常见体育教学方法及内容

体育教学方法	内容
以语言传递信息为主的体育教学方法	讲解法、问答法和讨论法等
以直接感知为主的体育教学方法	动作示范法、演示法、保护与帮助法、视听引导法等
以身体练习为主的体育教学方法	分解法、完整练习法、领会教学法和循环练习法等
以探究活动为主的体育教学方法	发现法和小群体教学法
以情境和竞赛为主的体育教学方法	运动游戏法、运动竞赛法和情境教学法

第四节　高校体育教学设计的发展

一、高校体育教学设计研究现状

调查发现，我国对体育教学设计研究相关的论文和著作多停留在零碎的、经验式的总结上，只是从局部涉及体育教学设计的内容，没有上升到系统的理论与方法的高度，完整的体育教学设计理论体系还没有构建起来。

总结分析来看，我国大多数学者并没有意识到应基于体育教学设计系统理论的研究视角将上述问题作整体探讨。体育教学工作者的体育教学设计的意识不够强烈，对体育教学设计不够重视。理论研究的不够深入直接影响了我国高校体育教学设计实践，当前体育教师对教学设计理论认识不足，在体育教学实践中更多地表现出一种经验式的操作和一种无意识行为。整体来看，我国学者对体育教学设计的研究文献较少,且研究不够深入;体育教师对教学设计的理解与操作还停留在较低的水平。[①]

二、高校体育教学设计的发展趋势

(一)重视"以人为本"和"终身体育"

"以人为本"是体育教学的原则之一,不仅对体育教学活动起到作用,还对与体育教学相关的一切事物有指导作用,体育教学设计也是其中一项。新时期,我国对素质教育重新定义后,体育育人的关键在于"育",而学习运动技术或知识只是育人的一个载体。在遵循以人为本原则开展的体育教学设计工作必定会越来越重视在设计中关注人文精神在体育教学中的存在意义,使得体育教学不仅仅是一个领域的知识或技能的培养这么简单,而是要成为培养人的良好生活习惯和健全人格的教育行为。

"终身体育"是指在人的一生中都要进行身体锻炼和接受体育教育与指导,它是终身教育的重要组成部分。"终身体育"是现代体育教学的目标之一,这一目标也符合素质教育的要求。因此,在体育教学设计中要将"终身体育"的培养理念融入进来,使学生清楚地知道一个健康的身体对人的一生幸福生活的重要意义。强调终身体育对学生自觉、自愿参加和组织体育活动的能力提出更高的要求,因此,体育教学设计应重视学生身心健康的长期发展。

(二)重视跨学科研究和跨领域的应用

从当前我国体育教学设计研究现状来看,虽然我国体育教学设计的完整理论体系还没有完整地构建起来,但是针对教育学的研究越来越多地出现跨学科的趋势,教学设计的研究也越来越多

---

① 刘军.对体育教学设计现状分析及策略研究[J].体育教学,2011,31(1).

地在一个更大的知识共同体中进行。

从教学设计的多学科理论基础来看，现阶段，体育教学设计的主要理论基础及关注点集中在当代的学习理论本体论和认识论基础上，它不同于传统教学设计的客观主义基础，更加重视基于问题的、基于项目的、探究式的和开放的“以学生为中心”的学习环境研究。

从教学设计的多领域应用来看，教学设计是一种有效设计和制造学习环境的方法，它从一开始就被广泛应用于高等教育与职业教育以及商业课件的开发。因此，教学设计的研究和应用不是教育领域的专利。体育教学面向体育专业学生，同时也面向普通高校的一般大学生，在体育教学设计中要充分结合学生的专业特点和学生未来从业要求与发展，以科学进行体育教学设计，是新时期体育教学设计的一个重要发展趋势。

（三）重视多因素影响下学习环境的建构

学习环境是开展教学活动的另类载体。学习环境包括有形的体育教学场地、体育器材等，无形体育教学环境包括体育教学软实力、教学氛围以及校园体育文化等。学习环境是支持学习者学习的外部条件和内部条件。

在任何一项教学活动中，都不能把学生的学习单纯地看成是一种信息的传输过程或信息的接受过程，体育教学也不例外。现代体育教学实践过程中，学生的学习是需要意志的、有意图的、积极的、自觉的、建构的实践，知识和技能的获得需要在个体运用知识和技能的“情境”中得到，充分包括了教师与学生之间的互动的意图—行动—反思活动。[①]因此，在体育教学设计中，教师也越来越重视为实现特定的体育学习目标而创建与之相适应的环境。

① 杜俊娟．体育教学设计[M]．北京：北京体育大学出版社，2007.

（四）重视现代体育信息教学技术的应用

现代社会已经进入现代化信息时代，支撑信息传输的媒介，如电子计算机和互联网被广泛应用，多媒体技术的发展日新月异。这些技术为高校体育教学工作注入了新的活力。现代教育技术在体育教学设计中的应用主要体现在辅助和支持作用上。

随着现代科技被引入体育教学，通过利用多媒体、交互性和对刺激呈现的控制而丰富任务环境，把学生解决难题的行动过程可视化，能极大地促进体育教学效果的改善。因此，在体育教学设计中应重视对新的先进教学技术的合理应用，以提高学生的学习积极性、使体育教学更加生动，不断提高教学质量。

（五）重视评估理念和评估方法的创新

教学理念是指导教学行为的基础，教学方法是实现教学目标的途径。现阶段，体育教学设计越来越呈现出把课程、教学、实施和评估进行总体规划的趋势。

新时期，评估理念和评估方法的创新和发展要求体育教学超越对局部技能和离散的知识点的关注，而要把推动学生进步的更复杂的方面包含进来，具体包括对认知、对实践和反馈、对“情境”与迁移、对社会文化大环境等方面的评估。因此，在现代体育教学设计过程中，必须重视认知、观察和解释三个元素的联系，并设计成一个相关的整体，重视对大学生体育学习的综合性评价和发展性评价，对体育教学评价标准、内容、方法等的设计都要充分考虑上述要求。

第八章　普通高校体育教学评价的发展与改革

体育教学评价是体育教学工作的重要环节，其能够对学生和教师在体育教学过程中的表现进行评价，还能够及时发现体育教学过程中的问题，从而为进行体育教学改革提供相应的依据。因此，体育教学评价具有极为重要的意义。本章对体育教学评价的基本理论和体育教学主体的评价进行了分析，在此基础上探讨了体育教学评价的未来发展。

第一节　体育教学评价基本理论

一、体育教学评价的概念和特点

（一）体育教学评价的概念

体育教学评价主要是针对体育教师教体育和学生学体育的过程与结果所进行的一种价值判断，体育教学过程则是教师教体育与学生学体育相统一的一个双边活动过程。在这一活动过程中，教师应根据一定的体育教育目的，并根据学校体育教学大纲的具体要求，制订和实施学校体育教学计划，以指导学生的体育学习。通过教师的指导，学生主动学习，使体育教学达到预期的学习目标。

体育教学评价的具体内容包括体育教学过程中教与学的各

个方面。体育教学的结果是指体育教学活动后，学生对体育课程的学习能力、学习态度以及学习成绩上的变化、发展与提高，体育教学结果的评价也即评价学生学习体育课程之后在这三个方面上的变化，这其中包括学生在体育个性与心理方面的改变，即评价学生在体育课程标准所规定的目标与要求方面所达到的程度。因此，体育教学评价既包括对体育教师教的能力、效果与态度做出的价值判断，也包括对学生的体育学习能力、体育学习成就与体育学习态度各方面的变化所做出的价值判断。

关于体育教学评价的对象和内容的优缺点以及当前重要性和使用频率，可参考表 8–1。

表 8–1　对各种体育教学评价的分析

	评价方式	优点	缺点	当前重要性	使用频率
1	教师对学习过程的评价	评价的主体是最有经验的教师，而评价的对象是生动的教学过程，评价会及时而生动	由于评价的对象是动态的过程，评价有时缺乏准确性	很重要、要更加重视的、比较主要的评价方式	每时每刻
2	教师对学习结果的评价	评价的主体是最有经验的教师，而评价的对象又是最反映教学效果的结果，因此评价的准确度很高	评价缺乏即时性，也会因此缺乏生动性，发现的问题已无法纠正	依然重要、依然要重视的主要评价方式	每学段、学年、学期、单元
3	教师之间的相互评价	评价的主体和客体都是有经验的教师，因而评价具有学术性和高质量。这种评价对教学经验的总结和教学的改善很有作用	这种评价不可能成为日常的评价，也不能成为对每个学生的即时评价	要重视的、辅助性的评价方式	每学期12 次
4	学生的自我评价	评价来自于学生对学习的“自省”，对于激发学生学习动机和培养学生的学习能力具有重要的作用	评价会因学生的自我保护意识和优点夸大意识而产生偏差	很重要、要更加重视的、比较主要的评价方式	每时每刻
5	学生之间的相互评价	评价来自于处于同样学习目标和学习阶段的“同行者”，有很强的针对性和生动性，也有很强的刺激性	评价会因学生的经验不足、缺乏专业知识和对同学缺乏负责精神等产生偏差	很重要、要更加重视的、比较主要的评价方式	教师组织时间为主

简单来说，对体育教学活动价值及优缺点做出评价的过程就是体育教学评价，在这一过程中，必须具有一定的教学目标和相应的标准作为其判断的依据。体育教学评价是在系统的调查和分析的基础上进行的，学校和教师以教学评价结果为依据，合理调整体育教学过程的各方面环节。

（二）体育教学评价的特点

1. 体育教学评价的动态性特点

体育教学评价既重视对结果的评价，又重视对于体育教学过程的评价。体育教学的各种活动都是为体育教学目的服务的，体育教学评价也是如此。体育教学评价将体育教学过程和结果的双重评价有机统一起来。具体来说，就是在评价过程中，要看这一过程是否有利于达到预定的目的，能否取得良好的效果。在评价结果时则要对取得这一结果的方式、手段与过程进行充分的考虑。在对体育教学的过程和体育教学的结果进行评价时，其都具有动态性特点。

2. 体育教学评价目标的发展性特点

体育教学目标是体育教学的出发点，其将教学主体的价值观念集中体现了出来，因此可以说，这也是评价体育教学活动成效的基本依据。传统的体育课程评价体系是以运动技能为核心的教育价值观，对于它来说，一切体育教学活动的出发点和归宿就是对运动技能的掌握。这种认识上的误区会对课堂教学训练化的结果产生直接的影响，从而致使教师在课堂上只重视运动技能的传授，而将学生的健康、体育兴趣、态度、能力以及情感等其他方面的发展忽略。当前，逐步确立起以人格和谐发展为核心理念的文化价值观，其渐渐发展为被全社会普遍关注的、有前景的文化价值理念。这一理念使得体育教学评价的目标开始注重以人为本，在关注他们的现实表现的同时，也开始对他们未来的发展引起高度的重视，将学生的长远发展与综合素质的提高视为体育教学评价的主要目的。

3. 体育教学评价主体的多元性特点

体育教学评价的主体具有多元性特点，学生、家长、教师、领导、专家等都是体育教学评价的主体。近年来，随着学生在教学中主体地位的确立，体育教学评价变为学生积极参与、自我反思和逐步发展的过程，使教师与学生之间相互理解和支持，并形成平等、积极的评价关系。在体育教学评价中，只有对评价主体的多元化引起重视，才能将学生的发展状况更加全面、准确地反映出来，也才能对学生综合素质的发展起到更好的促进作用。

在以往的体育教学评价中，采用的大都是以管理者为主的单一评价模式，对于评价，学生的态度只是消极被动地接受，因此，可以说，评价在一定程度上给学生的心理造成了一定的压力，从而导致其畏惧评价，甚至产生逃避评价的心理。正是由于被评价者积极参与的缺乏，导致评价者往往不能准确地发现问题，使评价的发现和改进的功能不能得到很好的发挥。由此可以得出，包括教师、学生、家长、管理者共同参与的交互过程，才是正确的评价。被评价者成为评价主体中的一员，这样对于评价者和被评价者之间的互动的加强，被评价者的主体地位的提高都是较为有利的。

4. 体育教学评价方法的过程性特点

体育教学评价的重心应放在学生体育学习的过程上，教师对学生的学习过程进行分析和指导，使得学生在学习过程中不断获得自我发展。教师应关注学生日常学习的发展，并对其表现出的发展状况给予及时的评价，使得学生能够明确自身的不足，获得相应的成长和进步。学生通过对教师的教学过程进行评价，则能够促进教师教学方法和教学内容等方面的不断改进，促进体育教师不断完善其教学工作。通过“以评促学，以评促教”，使得体育教学工作得到健康发展。

5. 体育教学评价方法的多样性特点

各种体育教学方法都有其一定的适用范围，针对不同的评价对象，应采用与之相适应的评价方法。每一种评价方法都受到相应的因素的制约，从而表现出一定的局限性。因此，在进行体育教学评价过程中，应根据实际工作需要，合理组合使用多种评价方法，使得教学评价公正、客观。通过优化组合使用多种评价方法，能够在一定程度上发挥各种评价方法的优势，弥补其缺点。

比如，教师可以通过成长资料对学生潜在的发展状况有一个持续的了解；通过仔细观察来对学生思想观点的变化进行了解。这样不仅能够将各种评价优势充分发挥出来，而且还能够通过互相弥补的方式改正自身的缺点，从而使学生的积极主动性得到更好的激发和发展，从而使体育教学评价更为公正和客观。

二、体育教学评价的类型、功能和作用

（一）体育教学评价的类型

按照不同的分类标准，可将体育教学评价按照不同的标准进行分类，具体而言，可包括以下几种类型。

1. 以评价分析方法为依据进行划分

（1）定性评价

定性评价侧重于对“质”的分析，是对优劣程度的评判，一般用评语或是符号表达。

（2）定量评价

定量评价即从“量”的角度进行的分析。通过采用多种方法获得相应的资料和数据，然后作出客观、精确地评判。

2. 以评价功能为依据进行划分

（1）诊断性评价

诊断性评价是指以了解学生学习的基础以及查明制约学生

学习进步的原因为目的而进行的有针对性的检测与评判。它包括验明问题和缺陷,确定学生在学习中是否存在困难,造成困难的原因有哪些,同时还包括对各种优点与禀赋、特殊才能等方面的识别。

(2)形成性评价

形成性评价是指为使体育教学效果更好体现学生学习的过程与阶段性结果所进行的检查和评判。它在一个新的体育教学方法实施后、一个新的体育教学内容初步完成后或一些新的身体锻炼手段使用后都可进行。

(3)总结性评价

总结性评价是在一学期或是教学阶段结束后对学生学习结果的检查和评判。检查学生的体育知识、身体活动能力以及技术技能取得了哪些进展。总结性评价注重的是教与学的结果。

(二)体育教学评价的功能

体育教学评价不仅有着显著的特点,而且也有着非常重要的功能,具体来说,主要表现为诊断功能、导向功能、激励功能以及调控功能等,具体如下。

1. 诊断功能

通过体育教学评价,体育教师能较为客观、科学地来鉴定体育教学的质量,同时,也能够在一定程度上了解体育教学的成效和问题。体育教学评价就好比是体格检查,具体来说,就是对体育教学现状进行一次严谨的科学诊断。全面的评价工作不仅能对学生的成绩在多大程度上实现了教学目标进行有效的估计,而且还能为教师诊断学生学习困难的症结所在提供一定的帮助,从而达到协助学生提高学习进度的目的。

2. 导向功能

由于不同的评价标准得出的评价结果也会有一定的差异性,由此可以看出,评价标准是有着非常重要的导向作用的。评价后的反馈对体育教学的决策和改进也有着重要的导向作用，能够为其指明方向，获得肯定的做法，并且使其在教学中得到进一步的强化；与此同时，被否定的做法也将得到改变和纠正。由此可见，体育教学评价的导向功能是非常显著的。

3. 激励功能

对于整个体育教学过程来说，体育教学评价的监督和控制的作用是非常重要的，对教师与学生来说，体育教学评价所起到的作用主要体现为强化和促进。通过教学评价能够充分反映出教师的教学效果和学生的学习成绩，从而在一定程度上激励教师的工作热情和学生的学习动机。科学合理的教学评价能够给教师、学生以心理上的满足和精神上的鼓舞，与此同时，还能够将师生向更高目标努力的积极性有效激发出来；如果评价较低，那么往往能够起到催人深思，将师生奋进的情绪激发起来的积极推动和促进作用。除此之外，还需要强调的是，要有效利用教学评价的激励功能，尽可能从正面对学生进行鼓励，使学生的积极性受到伤害的情况得到有效地避免。

4. 调控功能

体育教学评价能够为教师和学生提供反馈信息，使他们对教和学的情况有及时地了解，为调整教学活动的内容和形式提供依据。教师可以此为依据来对教学计划进行修订，改进教学方法；学生可以此为依据对学习策略进行适当的调整，使学习方式有所改变。体育教学评价对于使体育教学过程成为一个随时得到反馈和调节的可控系统，使教学活动越来越接近预期的目标是较为有利的。

（三）体育教学评价的作用

体育教学评价的作用体现在其为体育教学活动的改革和发展提供必要的反馈信息，促进了体育教学质量的提高，能够更好地促进学生的全面发展。具体而言，其作用主要体现在以下几个方面。

1. 提高体育教学水平

通过体育教学评价,能够提高教师的教学水平,使得教师对教学过程的设计、教学方法的运用等方面获得科学的检查,促进体育教学不足方面的改进以及优势方面的发展。

2. 增加学生体育学习的兴趣

体育教学评价使得学生对自身的学习状况有了合理的评价,激起其学习的兴趣和积极性,能够使得学生对自身的学习方法进行反思,进而做出更好的调整。另外,通过学生对教师的教学进行评价,能够促使教师对体育教学的各方面做出调整,从而能够更好地满足学生的需求,促进学生学习积极性的提高。

3. 完善体育管理

体育教学的过程涉及多方面的管理,如教学资源管理、教师管理、学生管理等诸多方面。通过对体育教学的各方面进行评价,能够更好地完善体育教学的管理体系,促进体育教学管理的优化发展。

4. 提高体育科研水平

在进行体育教学评价时,需要对各项体育教学工作进行分析和研究,掌握相应的数据和资料,如学生的体质状况、教学方法的应用和革新以及体育教学新技术的效果等。而这些数据和资料为进行相应的体育科研提供了必要的支持,能够在一定程度上促进体育科研事业的发展。

三、体育教学评价的原则与方法

(一)体育教学评价的原则

1. 客观性原则

在进行体育教学评价时,客观性原则是需要遵循的基本原则之一。由于对学生的学与教师的教做出客观的价值判断是体育教学评价的目的,如果缺乏客观性则失去了其真正的意义,而最终导致错误的教学决策。因此,就要求评价的各个方面都要与客观实际相符,具体来说,主要包括测量的标准、方法到评价者所持的态度,尤其是最后得出的评价结果,切忌受到主观臆断或个人感情的影响。

在体育教学评价中贯彻客观性原则,需要做到以下几个方面的要求。

第一,评价标准应客观,避免执行的随意性。

第二,评价方法要客观,避免执行过程中的偶然性。

第三,评价态度应客观,避免评价的主观性。

2. 全面性原则

在进行体育教学评价时,全面性原则是必须坚持的重要原则之一。具体来说,主要表现在对组成教学活动的各个方面做到全方位、多角度评价,从而使以偏概全、以点代面的现象得到有效地避免。体育教学系统的复杂性和教学任务的多样化,往往能够从不同的侧面反映出体育教学质量,表现为一个由多因素组成的综合体。鉴于此,就要求必须多角度、全方位地评价教学活动。另外,需要强调的是,在评价过程中,应善于把握主次,区分轻重,抓住主要矛盾,将重点放在决定体育教学质量的主要环节与主导因素上;与此同时,还要将定量评价和定性评价有机结合起来,使其相互参照,从而对客体的实际效果进行全面准确的评价。

3. 科学性原则

科学性原则是体育教学评价必须遵循的重要原则。具体来说,就是以客观规律为主要依据,实事求是,努力实现评价方法、标准以及程序的科学化。在进行教学评价时,要将经验和直觉的影响力降到最低,正确的做法是以科学为依据。只有科学合理的评价才能将体育教学的指导作用充分发挥出来。科学性的要求主要体现在两个方面 :一个是评价目标、标准的科学化 ;另一个则是评价方法和程序的科学化。

在体育教学评价中贯彻科学性原则时，要做到以下几个方面的要求。

第一，应从教与学相统一的角度出发，以体育教学目标体系为依据，将统一合理的评价标准确定下来。

第二，要将先进的统计方法与测量手段进行推广并使用，同时，还要认真严谨地对获得的各种资料和数据进行处理。

第三，还要对编制的评价工具进行认真的预试、修订与筛选，并且要求在达到一定的指标后，才能在实践中进行广泛的运用。

4. 指导性原则

在进行体育教学评价时，还要遵循指导性原则，具体来说，就是不能就事论事，而应把评价和指导有机结合起来，要使评价者对自己有全面的了解之后，能够有效指导自身以后的发展。换句话说，就是要认真分析评价的结果，从不同角度将因果关系找出来，将问题产生的原因找出来，并通过信息反馈，使被评价者将今后努力的方向明确下来。

在体育教学评价过程中贯彻指导性原则，需要做到以下几个方面的要求。

第一，必须在一定数量的评价资料的基础上进行指导，从而使缺乏根据的随意评价和表态的现象得到有效地避免。

第二，要做到及时反馈，指导明确，一定要使含糊其辞和耽误时机、使人无所适从的现象得到避免。

第三，要具有启发性，给被评价者留有思考与发挥的余地和空间。

（二）体育教学评价的方法

体育教学评价可以采用的方法有很多，其中，运用较为广泛的评价方法主要有观察法、问卷法以及测验法，这些方法都有着各自的特点和适用范围，这就要求要以实际情况和需要为依据进行有针对性地选择和运用，通常，将这几种方法进行综合运用能够取得理想的评价效果。

1. 观察法

所谓观察法，就是评价者根据相应的目标和计划对体育教学活动中的评价对象进行教育观察，从而搜集到相应的评价资料，对评价对象进行相应的评价。通过这一方法的运用，许多其他方法很难得到的很有价值的第一手资料都能够有效获得。比如，在体育课堂教学评价中，要想对师生活动、教学的气氛、教师的示范等指标有进一步的了解和认识，为作出中肯评价提供可靠依据，就必须深入课堂、进行实地观察，否则将很难取得理想的效果。

在体育教学评价中，观察法相对较为直观，是较为重要的一种信息获得的方法。通过观察，能够对教师的心理状态、素质等方面进行评价。因此，这种直接搜集资料的方法具有其他间接方法无法比拟的优越性，受到评价者的高度重视。

2. 问卷法

问卷法是较为常用的一种方法，广泛应用于各种形式的调查中，如市场调研、顾客意见反馈等。在体育教学中，问卷法也经常被用于教学评价。通常问卷中的问题都是经过严格设计的，可以通过纸质调查问卷和网络调查问卷两种形式来发放。

问卷调查法中的问题具有严格的要求，问题的顺序也必须经过精心的安排，其在编制和实施等方面的要求都是非常严格的。

问卷法的特点主要体现在三个方面：第一，具有参加人员的隐蔽性，能够有效保证调查的真实性和客观性。第二，是问卷发放具有取样的广泛性。这对于搜集信息的效率的提高，信息的有效性和可靠性的保证是较为有利的。第三，具有时间范围的可调节性。

3. 测验法

测验法是一种传统的评价方法，教师和学生通过考试的形式来对其各方面进行考核。目前我国的各种学校中,测验法是最为重要的一种学生评价方法。测验法具有较强的组织性、计划性和针对性,能够发现学生学习过程中的问题。体育教学评价中对测验法的应用主要体现在以下几个方面。

(1)体育理论知识的测验

在体育教学中,学生要学习的内容有很多,其中,较为主要的有体育文化知识、运动技术原理、体育技术、竞赛规则、生理卫生保健知识等。要对体育理论知识进行测验,需要把握其重点,具体来说,就是全面、系统、综合性地检查和评定学生所学的基础知识和灵活运用这些基础知识的能力。一般来说,笔试、试卷或口试等是常用的测验方式。

(2)身体素质测验

人体的身体素质包括力量、速度、耐力、柔韧和灵敏五项。在体育教学中,为了了解体育教学的成果,需要对学生的身体素质进行测验,以身体素质来反映教学的成果。通过对学生的各项生理指标进行检测,能够了解到体育教学中还存在哪些不足之处,从而更好地改进体育教学。

(3)运动技术的测验

不管是什么样的运动,都有其专项技术。这就要求学生对这些专项技术进行熟练掌握,然后在此基础上进行运动,从而将其机能水平和运动水平有效地展示出来。以技术动作规格为主要依据,对学生所学习的技术动作的情况作客观的测评,这就是运动技术的测验。对运动技术的测评通常可以分为两种,一种是多以测量中获取的客观数据为准的客观测验(达标测验);另一种则是多为对技术动作质量的技术评定。

(4)体育情感行为测验

情感行为包含的内容非常多,其中,人的兴趣、态度、情趣、动机、价值观,以及个性和群体行为特征等是最主要的。人的情感行为也在一定程度上影响到体育教学,而体育活动也对人的情感行为发生变化起到一定的作用。通常情况下,情感行为的测量工具为量表。

第二节　体育教师教学评价

一、对体育教师专业素质的评价

体育教师是体育课程的主导者，他们直接参与体育课程的教学。因此，体育教师素质的高低将直接影响着教学的质量以及学生的发展。一般可将教师的专业素养分为思想政治素质、教师自身发展的素质、知识结构素质和能力结构素质等几个方面。

(一)思想政治素质

思想政治素质是体育教师必须具备的基本素质，评价其政治素质是对教师素质进行评价的重要环节。体育教师思想政治素质包括政策的贯彻和执行、工作态度、道德修养、行为习惯等方面。教师的职业道德是思想素质的重要方面，它要求教师对工作积极负责，并且尊重学生，对学生一视同仁。对教师的思想政治素质进行评价时，可采用学生评价和教师自我评价等方式。

(二)教师自身发展的素质

教师自身发展素质即为教师接受和学习新知识、新技术、新思想的能力。体育教师只有不断提高自身的知识储备，不断学习和进步，才能够适应体育教学发展的要求，才能够推陈出新，不断深化教学研究和教学改革。教师的自我学习能力是其所应具备的基本能力，只有这样才能够不断满足学生的各项体育需求，才能促进体育教学向着更好的方向开展。

(三)知识结构素质

体育教师的知识结构素质即为教师的知识掌握的广度和深度，教师不仅要掌握基本技能和运动基础知识，还要具有高度的体育专业理论知识，并能够了解体育教学的基本规律和学生身心发展的基本规律。

（四）能力结构素质

能力结构素质即为教师完成相应的体育教学工作的能力，如教学的设计、组织以及教学内容的讲解等方面。体育教师的体育教学设计与组织较强，则不仅能够科学、合理地安排相应的教学内容，还能够激发学生学习的积极性，促进体育教学活动更好地开展。教师的表达能力较强，则教师能够以形象、生动的语言叙述相应的知识和技能，从而使得学生能够更好地学习。教师的组织和管理能力较强，则能够协调师生之间的关系，并且能够更好地运用各种体育教学资源，促进体育教学活动更好地开展。

体育教师的能力结构素质还包括教师的身心素质。体育教师具有良好的身体素质是保证各项体育教学工作正常有序开展的基本条件。教师的心理素质则主要是指教师思维的敏捷程度、逻辑思维能力以及洞察力等方面。

二、对体育教师课堂教学的评价

对教师在体育课堂中的表现进行评价，是对教师评价的重要方面。在教师的课堂教学评价中，既要注重对教学过程的评价，又要注重对其教学活动的有效性评价。具体而言，可从以下几方面进行评价。

（一）课程标准的贯彻

贯彻课程标准的评价，主要包括课堂教学是否紧紧围绕学习目标进行，教学是否符合课程标准的要求，教学是否完成了课程标准所规定的教学任务与教学内容等。具体而言,其包括教学定位是否准确,教学是否符合学生的身心发展特征,是否符合学生的实际情况等。

(二)教育教学思想

思想决定行为,体育教师应具备正确的教学思想,这样才能保证教学活动的科学性。我国现代体育教学的指导思想具体包括“健康第一”与“终身体育”等。体育教师应将这些思想作为体育教学活动的指导思想,促进学生的全面发展。另外,教师还必须具有创新精神,推动体育教学改革的深化开展。

(三)教学内容

体育教学的内容即为教师在体育课堂上讲授的内容。教学内容既要做到丰富全面,又要做到突出重点。在体育教学实践过程中,应注重体育教学内容安排与教学目标相适应,并且教学内容还要能够促进学生素质的全面提高,使得学生的体能、技能、心理素质、社会适应能力、意志品质等方面得到全面的提高。另外,在体育教学过程中还应注重合理安排负荷量。总之,教学内容应做到科学性与思想性的统一。

(四)教学方法和手段

体育教学手段和方法的评价统称为对教师教法的评价。整体而言,体育教学的手段和方法应符合体育教学原则,教法要具有新意。具体来说,在体育教学活动中,教师要严格贯彻因材施教的教学原则,选择有利于学生身心发展的体育教学方法,激发学生的学习兴趣;所采用的体育教学方法还应该注重发展学生分析问题和解决问题的能力,培养学生的创新思维。另外,教师所采用的教学方法还应更好地促进教师和学生之间的沟通和互动。

（五）教学技能

作为体育教师，体育教学技能是其所应具备的最为重要的能力素质。在教学过程中，体育教师首先应能够科学设立教学目标，使教学目标与体育教学目标、学生实际情况相适应。同时，教学目标还应具有可操作性；体育教师应该充分整合利用多种教学资源，创设良好的教学环境，吸引学生积极参与其中；在教学过程中，体育教师还应该与学生形成良好的互动，并能够用规范、形象的语言进行讲解，示范动作也应做到规范、优美；对于教学过程中的突发事件，教师也应冷静、沉着应对，保证课堂教学的正常进行。

（六）教学效果的评价

对于教师的教学评价最为重要的是对其教学效果进行评价。评价教学效果具体包括教学目标的完成情况、学生的情感体验等方面。具体而言，包括是否能够促进学生知识和技能的掌握，是否能够培养学生的体育锻炼兴趣和习惯，以及学生心理素质和意志品质等方面是否能够得到相应的提升等。关于体育教师课堂教学的评价内容和评价标准，参考表 8-2[①]。

① 龚正伟．体育教学论[M]．北京：北京体育大学出版社，2004.

表 8-2 体育课堂教学评价（自评、教师互评）

学校 班级 课题

执教人 时间 年 月 日 午 第 课 地点

评价指标		二级指标及权重	评价等级								得分
名称	要素		A级		B级		C级		D级		
1. 教学目标内容(20)	目的性	1. 教学目标明确规范，师生共识(5) 2. 作业要求具体可行，有创造余地(5)	10	9	8	7	6	5	4	3	
	科学性	3. 符合大纲要求，内容正确，密度恰当，速度适宜(5) 4. 条理清楚，突出重点、突破难点(5)	10	9	8	7	6	5	4	3	
2. 教学过程方法(26)	主体性	5. 学生主体，注重学法指导，学会学习(4) 6. 策略新颖，激发动机兴趣，学生积极参与(4)	8	7	6	6	5	5	4	3	
	最优化	7. 精讲善练，联系实际，方法步骤清晰(5) 8. 教具、媒体使用熟练、恰当，效率高(5) 9. 时间分配合理，节奏紧凑，不拖堂(4) 10. 组织形式生动合理，面向全体，气氛活跃(4)	18	17	16	15	14	12	11	10	
3. 教学素养(18)	教学能力	11. 衣着大方，教态亲切自然，具有无声魅力(6) 12. 说普通话，语言清晰、准确、流畅、生动(6) 13. 专业技巧熟练规范，器材、场地布置合理(6)	18	17	16	15	14	12	11	10	

续表

评价指标		二级指标及权重	评价等级								得分
名称	要素		A级		B级		C级		D级		
4. 教学效果（26）	知识技能	14. 掌握基本知识、技能，学生练习情况良好（6） 15. 联系实际活用知识，学生每人各有所获（6）	12	11	10	9	8	7	6	5	
	创造情感	16. 创设情境，激发兴趣，鼓励探索和创新（5） 17. 师生互动，学生互助合作，课堂气氛融洽（5） 18. 发挥德育、体育功能，教书育人（4）	14	13	12	11	10	9	8	7	
5. 教学特色（10）	创新性	19. 在教学内容（2）、教学策略（2）、教学模式（2）、教学媒体（2）、教学方法（2）等方面进行有效的开发、改革和创新	10	9	8	7	6	5	4	3	
定性描述							定量评价结果		总分		
									等第		
评价者单位							评价者				

三、体育教师评价的主体

（一）学生对教师课堂教学的评价

学生作为教师的直接教授对象，对教师课堂教学的评价具有重要的参考价值。在体育学习的过程中，教师的理论水平、教学方法、教学态度、艺术水平、人格品行等对学生会产生一定的影响，因此学生对教师课堂教学的评价也比较全面和可靠。可采用座谈法或设计比较简单的《体育教学质量评价表》对教师体育教学质量进行评价。

除以上方法外，还可以采用学生点评的方式使学生参与到教师课堂教学的评价中。在一堂课结束后，教师可引导学生用简单的一句话或一段话的形式记录下自己对本堂课的感受，可写自己的本次课的收获，也可写对教师本次课的教学评议，并由此来观察课堂教学效果，将其作为学生评价与教师自评的依据，也是学生过程性评价的第一手素材。

（二）领导对教师课堂教学的评价

学校领导对教师课堂教学的评价具有相当的权威性，评价结果将直接影响被评价者的地位和声誉，是一种实质性的评价，必须严肃认真地对待。领导有时也会去听某位教师的课，但领导毕竟不是专业体育教师，不可能了解太多教学的具体细节，一般对宏观的信息掌握会比较多。所以，领导不适于单独对体育教师课堂进行评价，必须用于同行评价、教师的自我评价和学生评价相结合的综合评价。

第三节　学生学习评价

一、学生体育学习评价的内容

对学生的学习情况进行评价是体育教学评价的重要方面，通过对学生的学习进行评价，能够使得教师对教学任务的完成情况进行更好的判定，不仅能够为教学活动提供必要的反馈信息，还能够对学生起到一定的激励作用。具体来说，对学生学习的评价主要包括如下几个方面的内容。

（一）体质健康

发展学生的健康体质，增强学生的体能是体育教学的重要目标之一。在对其进行体能考核时，可参考相应的《国家学生体质健康标准》中的各项考核指标，针对不同的年级采取不同的考核标准。具体考核内容见表8-3（摘自《国家学生体质健康标准（2014年修定）》）。

表8-3　大学各年级体质健康测量指标与权重

单项指标	权重（%）
体重指数（BMI）	15
肺活量	15
50米跑	20
坐位体前屈	10
立定跳远	10
引体向上（男）/1分钟仰卧起坐（女）/1分钟	10
1000米跑（男）/800米跑（女）	20

（二）学习态度

学生的学习态度在一定程度上决定了体育教学的效果，因此，应注重对学生学习态度的考核。通过对其态度进行考核，使学生形成积极向上的学习态度，促进教学活动更好地开展。一般对学生的学习态度进行考核时，可参考以下几方面的考核指标。

（1）是否能够积极主动地参与到体育教学活动中来。表现为学生的出勤数。

（2）能否积极主动地思考，为达到目标而反复练习。

（3）能够全神贯注地投入到体育学习中。

（4）对教师的指导是否能够虚心、认真接受。

为了科学地测量学生的体育学习态度，可通过亚当斯的体育态度量表来进行测量。学生通过对相应的题目表达“同意”或“不同意”，每条题目确定了相应的加权数，将学生选择“同意”的题目相加，并除以其表示“同意”的题目数，最终确定学生的学习态度。

（三）知识技能

通过体育教学活动，学生需要掌握相应的知识和技能，这是体育教学的重要目标。学生的学习能力、既有知识和经验等方面具有一定的差异性。因此，在进行相应的知识和技能的评定时，也应具有一定的差异性。在对学生的理论知识进行评价时，应注重学生对相应的知识的理解和综合，注重其对知识的运用能力的考核。在进行技能考核时，一般根据相应的量化指标或是体育竞赛的形式进行考核，如对学生的篮球技能进行考核时，可通过规定次数的投篮进行考核；而对于其综合技战术能力，则可通过相应的体育竞赛进行考核。

（四）学生心理健康水平和社会适应能力

体育教学的重要目标之一是促进学生心理健康的发展与学

生社会适应能力的提高。积极、乐观、自信，能够很好地进行自我调节和控制，这是学生心理健康状况良好的表现。学生良好的社会适应能力则表现为尊重他人、具有良好的人际交往能力、团队合作能力等。在评价和测量其心理和社会适应能力时，可参考相应的心理学量表进行测量，如症状自评量表(SCL-90)、大学生人格健康调查量表(UPI)等。

二、教师对学生体育学习过程的评价

教师对学生学习过程的评价，是体育教学评价中一种十分传统的评价方式，这是因为评价的主体是有经验的教师，而评价的对象又是能反映教学效果和教学过程的学生，因此这种评价一直受到人们的重视。过程性评价又称为形成性评价，是指在体育教学活动过程中，为了及时了解情况，明确活动运行中存在的问题，及时修改或调整活动计划，以期获得更加理想的教学效果所进行的一种即时性评价。过程性评价较为重视评价反馈功能的发挥，通过采用各种评价方法与工具经常对学生的学习进行评估，并将结果及时反馈给学生，因而能够实现对教学和学习的有效控制。因此过程性评价具有直接、具体、及时和针对性强的特点。过程性评价所涉及的内容多、方法与手段也十分灵活多样。

过程性评价的评价内容包括学生的行为态度(包括参与意识、课堂表现、努力程度、创新意识、体育课出勤等)，体育知识(包括所学项目的健身价值、基本技术要求以及锻炼方法)，行为能力(包括学习与锻炼的方法、自控能力以及良好习惯的养成)，学习目标，拼搏精神与学习效果。其主要方法包括：表扬、批评、激励、抑制；经常采用的评价手段包括：口头指示、眼神、手势、简短评语、技能小测验、问卷等。

过程性评价是获取评价依据的方法，它主要依赖于观察的方法，观察的方法有正规的观察和非正规的观察。正规的观察是依据观察用表进行的数字化与规范化的观察，这种观察比较细致可信，但做起来比较费时费工，有时一个人不能完成，不能够经常用；非正规的观察是不用观察表随时进行的一种定性的观察，这种观察不如正规的观察结果细致可信，但做起来较为方便，是经常运用的一种观察方法。

过程性评价也可以采用小测验、小测试、小考试等方法，这对知识和运动素质的评价是十分重要的，因为运动素质和知识水平有时是不能被准确地观察到的。

三、学生自评和互评

学生对学习过程的评价属于自我评价，应包含自评和互评两个方面，是对学生的成绩进行评定的一个重要组成部分，有较高的参考价值，是教师对学生评价的补充。学生自评是指学生对自己的学习态度、运动技能、情意表现、运动参与以及合作意识等所进行的综合评价。

在学生对自己或同伴的体育学习情况进行评价的过程中，体育教师应当充分发挥学生的主观能动性，培养学生的观察力、判断力、分析能力以及解决问题的能力，提高学生正确认识和评价自己以及他人的能力。

学生对学习过程的评价也包括教学过程与教学效果两个方面，学生的自我评价和相互评价是其主要形式。这两种评价有利于培养学生的自我反省和客观评价的态度，具有特殊的教育力量。它不仅有助于学生形成良好的民主素养，而且还有助于学生在评价的实践中不断提高观察事物与分析问题的能力。但是，这种评价需要根据学生的年龄阶段进行。

学生对学习的"自我评价"有助于学生对自己的体育学习态度和表现的"自省"，同时还能帮助他们实现自我认识与自我教育意识和能力的提高。学生的"自我评价"可以学校制定的评价目标为标准，通过自我评价来判断个人达到目标的程度，也可以让学生自己确定评价的标准，通过学生的自我评定来判断自己的优势与进步。前一种方式适合在期末或学年末的评价时使用,后一种方式适用于日常性的“自我评价”。

“学生自我评价”的内容包括:学习目标、参与程度、学习效果以及拼搏精神等,方法可采用自评、自省、自我暗示、自我反馈等,手段包括目标的回顾、成绩前后对比、学习卡片、行为的检点等。

值得注意的是,学生的“自我评价”难免会出现偏差。因为学生出于自尊的原因,会出现过高估计自己的心理倾向性;另外,如果“自我评价”和体育成绩、升学、奖学金、评优等挂钩,那么就势必影响“自我评价”的可靠性与客观性。因此,进行学生的“自我评价”要注意以下几点。

(1)要把学生的“自我评价”作为一种学习性的、形成性的评价,不适合作为正式的评价,更不适合作为最终学习成绩的评定。

(2)针对某些与学生自尊有关内容的“自我评价”时,主要以师生间的交流为主,以保护学生的自尊与自信。

(3)要把学生的“自我评价”和功利性相分离。

(4)要开发“学习卡片”,发挥在书面上进行“自我评价”的方式和方法。

第四节　高校体育教学评价的发展

一、体育教学评价的未来发展趋势

随着体育教学评价的不断发展,其在未来发展过程中,主要表现出如下几方面的发展趋势。

(一)评价内容不断扩展

体育教学评价的实施是为体育教育目标的实现服务的。体育教学目标一旦明确,体育教学评价的内容就会随之确定。当前,整个学术界和教育界普遍认为,不同学校具有不同的多样化的体育教学目标。所以,体育教学评价内容也逐渐趋向于多元化,具体来说,其已经不单单是技术技能考评或健康测验,不仅包含着新课标所规定的五个学习领域的目标内容,而且心理情感态度的评价也受到了一定程度的重视。

(二)评价理念不断更新

体育教学评价理念必须科学,而且还要符合素质教育发展的要求。将学校体育在素质教育中的地位与作用加以明确,将学校体育的具体培养目标进行制定,从而使体育教学评价目标与体育教学目标达到高度统一,并以体育教学目标为依据来进行体育教学评价指标体系的设计。与此同时,还要注意保证教学评价指标要具有科学性,教学评价办法要有很强的可操作性,从而充分发挥体育教学评价体系的正确导向功能。另外,需要注意的是,必须对素质教育加以推广,但并不意味着要将考试取消,也不意味着体育课只是单纯地流于形式,而是要从根本上对体育教育评价的指导思想进行科学建立。正确的做法主要体现在两个方面:一方面,要用多角度多方法的综合质量评价取代单一的评价视角;另一方面,要逐步淡化考评的选拔价值与作用,同时不断强化全面教育、检验、反馈以及激励的综合意义与价值。

(三)评价方式的综合运用

体育教学评价的这一发展趋势主要从以下三个方面得到体现。

1. 有机结合定性评价与定量评价

在体育教学评价中,选择定量评价方法有利于提高教学评价的科学性与准确性,有利于改变以往定性评价占据主要地位的局面,从而大大提高了定量评价的地位。然而,有一点需要特别指出,体育教育是一个庞杂的系统,而且大量的人文因素存在于这一系统中，而这些人文因素的评价是无法运用定量评价进行评定的。比如，心理因素指标特别是素质教育的提出，对人才的全面性提出了更高的要求，要求不仅要发展学生的身体素质、增强学生的健康体质，更要使学生不断健全自身的人格、发展良好的心理素质。因此，这就要求要将定量评价与定性评价结合起来使用，从而使体育教学评价的准确性和科学性得到有力保障。

2. 诊断性评价、形成性评价和终结性评价的综合运用

传统的体育教学评价注重运用终结性评价。终结性评价方式有明显的缺点，具体是其无法充分发挥体育教学评价的反馈功能，不利于对学生的体育学习起到激励作用，也不利于学生学习效果的提高与教师教学方法的改进，因为往往是在单元学习或阶段学习结束之后才进行终结性评价，所以才会导致上述缺点的产生。从这一点来看，体育教学评价就要改变以往单一的评价方式，实行综合评价，即有机地将诊断性、形成性和终结性评价结合起来进行评价。这三个评价方式各具特色与优势，诊断性评价有利于检查学生对某一教材的学习准备状态；形成性评价有利于及时发现体育教学过程中存在的这样或那样的问题，并在发现之后及时进行反馈，反馈结果有利于完善体育教学工作；终结性评价有利于检查某一阶段的教学情况，从而对这一阶段的教学水平有一个清楚的认识。有机结合这三种评价方式，有利于促进体育教学评价的发展与完善。

3. 充分结合自评与他评

以往的体育教学评价比较重视评价主体对他人的评价，经常忽略体育教师与学生的自我评价。然而，当把体育教师作为评价对象时，需要体育教师对自己做出客观评价，主要是因为体育教师重点从事体育教学工作，对体育教学活动最为熟悉，对体育教学质量也有一个比较清晰的认识，所以要适当地实行教师的自我评价。在运用自我评价的同时也要注重他人评价的积极意义。主要是因为教师对自己很难作出真正的客观评价，他们往往会考

虑一些与自身利益相关的因素对自己作出不符合客观实际的过高的评价，评价的客观性会有所欠缺。鉴于此，他评也是体育教学中必须采用的重要方法。将他评与自评有机结合起来，才能作出正确的评价结论。

另外，作为教学目标的实践者，学生要想对体育教学进行准确的评价，就必须重视亲身体验。尤其是情感、意志、态度、兴趣等无法用定量评价表现的内容，只有通过自我评价才能获得真实的信息。自我评价对于学生来说是非常重要的，学生要懂得如何正确运用自我评价的方式评价自己，自我评价时要以体育教学目标为主要评价依据，因为体育教学目标有利于正确指导学生的学习。除了要依据教学目标之外，还要把学习目标当作评价的依据，学生学习目标的制定要充分考虑教师的教学目标。依据体育教学目标与学习目标实施自我评价有利于学生正确评价自我的能力的提高。

二、体育教学评价的发展策略

体育教学评价标准会对体育教师的上课内容产生直接的影响。要完善体育教学评价，就要进行改革，而改革也必须从用体育成绩来衡量体育教学入手，对在目前的基础上提高的幅度引起重视。具体来说，可以从以下几个方面入手。

（一）完善体育教学评价体制

在体育教学中，一个健全的评价反馈机制尤为重要。从传播学角度来看，信息的传播是在一个系统中进行的，传播信息的人同时也接收到信息，通过获取接收到的反馈信息，能够对传播活动进行调节，以更好地开展传播活动。在体育教学中，评价反馈机制也具有重要的作用。

在体育教学评价过程中，应建立多条反馈渠道，保证评价主体能够得到有效的评价信息。还应丰富评价的反馈内容，使得体育教学能够得到全面的改进。应建立相应的评价反馈监督机构，对体育教学的评价反馈情况进行积极的监督。

各种规章制度能够对评价活动起到相应的约束作用，为体育教学评价的开展提供制度保证。应完善相应的规章制度。在建立相应的规章制度时，应总结以前的经验教训，并广泛听取教师和学生的意见建议，保证规章制度能够贯彻执行。

（二）实施多方位评价

在传统教学评价模式中，评价是教师的“专利”，而学生往往处于被动地位，其评价的权利往往被忽略。教师作为主导者，需要对学生的身体素质基础、运动能力状况等进行充分的了解，以学生的学习、锻炼表现为主要依据进行多种针对性的评价活动，从而将学生的积极性充分调动起来，使课程的目标尽快实现。随着“水平目标”的设立，教师每个阶段的教学任务都会发生一定的变化，鉴于此，体育教学的内容选择、方式、方法的应用等方面也都会相应地朝着多样化方向发展。因此，这就要求在体育教学中，主要依据五个学习领域（运动参与、运动技能、身体健康、心理健康、社会适应）来对评价内容进行设立，从而保证评价的客观性和科学性。

（三）通过“学习小组”促进学生协作能力增强

以“学习小组”为被评价单位对于很多项目来说，都是适用的，其中，较为适用的项目内容主要有：队形队列练习、小组篮球、排球、足球等比赛、早（课间）操、各种距离的接力等。促进小组内成员合作能力的发展，促进学生社会适应能力的提高是评价“学习小组”的主要目的。由于学习小组内的学生的成绩具有统一性，每个人的学习表现都会对整个小组的学习情况造成影响，所以，每个小组内的学生都会自觉地去监督其他不自觉学习的成员，从而促进积极健康的班级学习氛围的形成，这对于学生集体的学习积极性的提高和协作能力的提高都是较为有利的。

（四）评价学生的标准由单一向综合转变

在体育教学中，往往会出现这样的情况，一部分学生的先天条件比较好，不用积极进行锻炼，就能够在体育测试中取得理想的成绩。这会对一些先天条件较差而积极进行体育锻炼的学生造成一定的影响。因此，一定要改变以往以单一的锻炼为评价标准的情况，这是非常重要且必要的。在确定体育课的成绩时，应该进行综合考虑，仅仅以锻炼标准为唯一的评价标准是不科学、不全面的，正确的做法是应该根据课程改革评价精神，对新颁布的学生体质健康标准进行充分的运用。这不仅能够作为测量学生体质强弱的一个标准，而且还能够作为学生进步程度的一个参照。

（五）对体育课特有的教学环境资源积极进行开发

相较于其他学科来说，体育课的弱势是比较明显的，导致这种弱势的原因是多方面的。但是，体育课也有着一定的优势，就是其有着得天独厚的课程资源优势来应对课程改革。课程改革提出的要求主要表现为提高学生的社会适应能力、相互协作与人际交流能力。对于体育课来说，教学的环境、教学的载体并不是单一的，而是多样化的，甚至可以与其他年级的体育教师合作，从而使学生的社会适应能力、相互协作与人际交往能力等都得到有效提高，进而使学生学会走出自我，积极参与到其他各类体育活动中；与此同时，还能够使学生学会从他人的体育活动与学习中获取健身知识，学会以“体育运动”为载体使自身的人际交往能力得到有效提高。

（六）综合运用过程评价与结果评价

之前，体育教学评价注重的只是对学生学习结果的评价，关注的重点也只限于学生各项运动的最终成绩，从而使对学生学习过程的评价被忽略，体育教学评价就无法发挥自身的积极反馈作用，而且也无法激励学生学习，体育教学的效果也无法提高。因此要学会对多种评价方法和手段加以充分利用。对体育教学的各个方面作出科学合理的评定，并及时把评价结果向学生反馈，以使学生及时发现学习中的不足的评价方法就是过程评价。现在不仅要调整评价内容，而且还在平时的评价中直接评价学生的“练习过程”。这样，有利于端正学生对整个练习过程的态度，提高学生的练习积极性与主动性，还能够使一些学生过分依赖先天良好的身体素质而缺乏参加体育练习的积极性的现象得到合理避免。除此之外，这也能够积极鼓励那些先天身体素质较差但很努力练习的学生。

第九章 继续教育体育专业教学的发展与改革思考

关于继续教育,《国家中长期教育改革和发展规划纲要(2010—2020年)》中进行了明确的规定,即面向接受学校教育之后的所有社会成员(特别是成人)的教育活动。继续教育是我国现阶段教育改革与发展的重要内容之一,其不仅是终身学习体系的重要组成部分,同时,在我国实现教育现代化和学习型社会目标中也有着非常重要的战略地位。本章主要通过对我国高校继续教育学院的发展,以及运动训练专业、体育教育专业、民族传统体育专业教学的发展与改革进行分析和探索,来为继续教育体育专业教学的发展与改革提供一定的依据和支持,进而促进其更好地发展和完善。

第一节 我国高校继续教育学院的发展现状与趋势

一、我国高校继续教育学院的发展现状

当前,为了与社会发展相适应,我国许多高校的继续教育学院已经得到了相应的改制,尽管如此,其发展现状仍然不理想,还存在着一些问题亟须解决,具体来说,我国高校继续教育学院的发展现状可以从以下几个方面得到体现。

（一）对继续教育的思想认识有待提高

继续教育的对象有着较为显著的特点，主要表现为整体性、全员性和差异性等。但是，从目前的形势来看，我国高校的继续教育对此还没有充分的思想认识，也没有较强的教育针对性，没有明确的培养目标，同时，也存在着重视学历教育而轻视非学历教育的现象。另外，当前，还有一部分高校在思想上没有对继续教育产生正确的认识，学校的首要任务是学历教育，继续教育是学校的附属品，继续教育只是为学校创收的工具等错误的思想仍然存在。这些都对我国高校继续教育的发展产生一定的制约和阻碍作用。

（二）业务发展的平衡性严重失调

当前，高校继续教育学院都基本上成立了培训科或者培训部，来对专门的培训业务进行针对性的管理，但是，这往往没有取得理想的成效，其所进行的培训工作通常是为了填充“工作内容”，业务量也没有得到提升，一般为一年一两个培训项目。因此，这就导致高校继续教育学院的培训科或者培训部的收益甚微。除了一些比较著名的名牌大学外，各高校的继续教育学院的主要业务仍然是成人学历教育，业务发展的不平衡性非常显著。

（三）专业管理人才非常欠缺

高校中从事继续教育的管理人员是该校继续教育工作的指挥者和组织者，起着至关重要的作用。但是从当前的形势来看，高校普遍存在着从事继续教育的管理人员素质较低的现象，这些管理人员往往都是半路出家，没有经过专业的、系统的培训，因此导致了真正研究继续教育这一领域的专业管理人才非常欠缺。因此，为了使我国高校继续教育学院得到更好的发展，建设一支高质量的、专业的管理者队伍是非常重要且必要的。

(四)管理制度不健全

管理是继续教育的重中之重。“制度健全,执行有力,管理务实,过程规范”,是高校发展继续教育的必经之路而建立一支专业的管理队伍,则是健全继续教育管理制度的必要条件。但是从目前的情况来看,我国继续教育的管理制度的完善程度较低,没有统一的继续教育管理机构,管理力度也较为欠缺。

(五)市场调研较为缺乏

在高校继续教育的发展过程中,需要对多方面的因素进行充分的考虑,其中,较为主要的有市场经济的变革、社会和用人单位的需求等,从而使在设置专业的时候将继续教育的时代性和实用性体现出来得到有力的保证。但是当前的实际情况是,很多高校在继续教育的办学过程中并没有进行充分的市场调研,没有认识到社会和企业的真正需求,在没有科学依据和指导的情况下,往往就将继续教育办成了学历教育,在教学规律和教学方法方面也是套用的学历教育的。另外,市场调研缺乏还会导致专业设置的不科学,陈旧的专业不淘汰、新兴的专业不引进,这些都会导致教学效果不显著等问题的出现。

(六)教育质量下降

由于受到不断做大做强的理念的影响,很多高校都将本科和研究生教育作为发展的重点,而忽视了继续教育的发展,并且只将其作为经济效益的一个来源,在教研教改上面也没有加以重视,因此,继续教育采用的仍然是普高全日制式的理论教育的教学内容、满堂灌的教学方式,进而导致学生到课率低,教师授课积极性不高等发展状况,这对于继续教育的良好发展是非常不利的,要加以重视,通过各种方式来提高继续教育的质量。

（七）缺乏资金保障

通过对高校继续教育的调查中可以发现，很多高校并没有专项资金用于继续教育，因此，学校对继续教育的投入非常少，这就导致继续教育学院的日常运作只能依靠自身办班、培训的微薄收入。另外，由于资金方面的欠缺，其所使用的师资、教学场地和设施等配套设施都是学历教育多余的部分，这就导致其教学的落后性。从某种程度上来说，缺乏资金的保障，高校继续教育的生存都非常困难，更无从谈发展了。

二、我国高校继续教育学院的发展趋势

尽管当前有很多因素制约着高校继续教育的发展，但是，高校继续教育也呈现出了良好的发展势头，具体来说，其发展趋势主要体现在以下几个方面。

（一）质量趋于标准化

在政府的支持和鼓励下，人们的学习需求以及与此相适应的继续教育培训模式和机会也越来越多元化，通过不同的学习形式，人们能够获得不同的能力和技能，这就需要对这些方面进行客观且科学的评价。在很长的一段时间内，我国的学习成果与能力的评价都存在着一定的问题，具体来说，主要表现为偏重正规教育和学历资格而对非正规教育与技能资格往往忽视的现象。随着继续教育的不断发展，这一问题也将会得到妥善的解决。

教育质量是继续教育得以进行下去的重要决定性因素，而要在市场化运作机制下确保继续教育质量，就必须走质量管理标准化的道路。要做到这一点，就需要进一步完善继续教育与培训的质量认证体系，将科学的质量标准体系评价建立起来，对高校继续教育办学指导思想、教学过程、教学投入、教学质量加强评估和社会监督、行政监督和法律监督，使继续教育学历和资格证书得

到普遍的认可，这样不仅对办学竞争公平起到积极的促进作用，同时，也使受教育群体利益得到了有力的保证，进而对继续教育市场健康、可持续发展起到积极的影响和作用。

（二）内容趋于个性化

不同的人，其参加继续教育的目的有所差别，这就决定了继续教育的内容逐渐趋于多样化和个性化，因为只有这样，才能使参加学习的人们的目的都得到较好的满足。

在市场化机制下，高校继续教育办学的竞争激烈程度会越来越高，一般地，一所高校针对某个行业和社会需求开发出新的课程，但是，这一课程会马上被其他学校所仿效，而制定出与其相仿的课程，这就导致了很多高校继续教育的课程体系相似性非常高的现象，而这不仅将继续教育的资源浪费掉了，还会对行业的发展产生不利的影响。鉴于此，就要求高校在开发继续教育课程的过程中，一定要对自身专业和学科特长进行充分的挖掘，深入协调行业相关的领域，同时，还要求对学生的实际情况进行深入的了解和调查，从而将针对性更强的个性化课程开发出来，突出自身的特点和优势，从而取得理想的教学效果。

（三）功能趋于多元化

近年来，国家关于继续教育政策的出台和实施，不仅进一步丰富了继续教育的内涵，同时，也使其教育对象更加宽广，功能也越来越多。继续教育的功能性体现在很多方面，比如，能够使成人获取高等学历教育文凭的需要得到满足，能够使在职和非在职人员的专业技术水平、创新其职业能力得到有效的改善和提升，还能够使人们的业余文化生活进一步丰富，对社会文明的和谐建设起到积极的促进作用。除此之外，通过多元化的人才培养模式、办学体制、教学模式和课程内容等的运用，继续教育还能够有效提高我国国民的整体素质，使专业技术人员的创新能力得到进一步的提高。由此可以看出,功能多元化已经成为我国高校继续教育发展的一个重要趋势。

(四)运作趋于市场化

以往高校继续教育的发展观念与普通高校基本相同,但是,随着教育的不断发展,这一发展观念已经与当前的社会发展需求不相符了。因此,高校继续教育要想得到更好的发展,就需要与国际接轨,采用市场化运作模式。具体来说,采用这一运作模式,就是政府对教育机构采用“用者自付”的原则进行积极的鼓励,投资的增多使学生的回报也有所增加,通过提供优质教育服务,继续教育机构则能够将其投入的教育资本更好地回收。除此之外,继续教育机构还通过优质资源的整合,运作效率的提高,来达到自负盈亏的经济目标。由此可以看出,市场经济为高校继续教育的发展提供了广阔的前景,与此同时,其也对继续教育提出了一定的要求,主要包括:将竞争机制引入进来,使市场意识得到进一步的强化,以及将超前、竞争和服务意识树立起来等。

(五)手段趋于信息化

要形成学习型社会,就必须在信息网络建设和知识传播条件上加大投入,以具备学习型社会的基础条件,使更多的社会成员得到不断学习的机会。

当前,由于高校继续教育的规模逐渐扩大,传统的教育手段和教学形式已经不能使教育对象的需要得到满足了。在这样的背景下,就要求开辟一条新的途径来进一步发展高校继续教育,具体来说,就是要采用现代信息技术,尤其是网络和多媒体技术,这样不仅能够为高校继续教育提供一个新的教学方式——虚拟教学,还能够使工学矛盾得到较好的解决,人们受教育的机会也得到了进一步的扩展。从当前的形势来看,借助网络技术开展远程继续教育的条件已经成熟,并且已经在高校中得到普及,通过这一方式的运用，高校能够推进继续教育现代化、信息化，从而将一个网络化、数字化、智能化、媒体化相结合的教育环境建立起来，使教学内容多媒体化、教学传播多样化、教学资源共享化、教学时空扩大化、教学环境虚拟化、教学效果反馈及时化得到有力的保证，社会多样化的学习需求得到满足，进而促使高校继续教育水平得到进一步的提高。

（六）管理趋于科学化

由于高校继续教育逐渐扩展为非学历教育，教育发展也逐渐趋于多层次和多元化，再加上原有模式下的非学历教育和培训办学种类繁多，参与监管单位也较多，这就导致了对教育管理提出的要求也越来越高。鉴于此，为了更好地促进高校继续教育的发展，要求必须准确地把握发展趋势，使科学管理得以实现。

当前，继续教育受到的关注程度越来越高，并且政府还出台了一些相关的政策，继续教育体制机制和终身教育体系已经开始着手构建，这就在一定程度上为继续教育的科学管理奠定了良好的基础。另外，作为高校教育事业的重要组成部分，继续教育的地位也得到了进一步提升，这就将其无比旺盛的生命力并日趋专业化的趋势体现了出来。同时，高校还会对继续教育的管理进行重新定位，并且将其作为学校人才培养体系的重要组成部分加以确定和规划，从而使系统内部环节的有效运作及相互协调、管理和教学工作的效率与质量以及在稳步发展中求改革、求创新都得到有力的保证。

第二节　运动训练专业教学发展与改革

一、运动训练专业教学发展与改革中存在的主要问题

运动训练专业教学发展与改革中难免出现一些问题，其中，最主要的有以下两个方面。

（一）预期目标的达成不甚理想

运动训练专业教学改革的根本目标在于培养优秀教练员和专项运动员，但是，这一预期目标的达成并不理想，究其原因，主要是由于受种种教育环境和体育实践因素的影响和制约。总的来说，出现的情况往往表现为，达成目标出现泛化趋势，有的甚至与其本位目标相偏离。

（二）课程设置的特色不突出

课程是人才培养的核心，由此可以看出课程设置的重要性和必要性。一般来说，以性质的不同为依据，可以将课程分为基础课和专业课，而基础课又可以分为公共基础课和专业基础课。其中，公共基础课往往是依据国家教育部和各学校的要求而开设的，因此，运动训练专业的自主选择权是名不副实的。运动训练专业的基础课主要包括两大类：一类是体育人文社会科学；一类是运动人体科学。从当前的形势来看，运动训练专业的专业基础课与体育教育专业的很多课程都是相同的，并没有将运动训练专业的特色体现出来。

二、运动训练专业教学发展与改革的策略

总的来说，对运动训练专业教学产生制约作用的因素主要有

两个方面：一个是专业教育体制自身缺陷；一个是支撑学科和专业教材发展水平不高。可以从以下几个方面着手，来有效提高运动训练专业化水平。

（一）对专业目标重新进行准确定位

专业目标是专业教育的出发点和归宿，专业教育的重要前提和基础就是对专业目标进行准确定位。从某种程度上说，导致运动训练专业目标定位模糊的根本原因在于人们对体育内涵、外延、分类以“厚基础、宽口径”的适应性认识的准确性不够。

体育的内涵、外延及分类不仅会对体育本科专业教育的分类产生直接的影响，同时，其也对每一类体育专门人才的培养方向、规格和基本要求产生着重要的决定性作用。因此，运动训练专业要想得到进一步的发展和改革，就需要重新审视“体育”这一核心概念，进而将正确的体育观树立起来。

（二）建立较为完善的专业教育体制

对于运动训练专业的发展和改革来说，最基本的保障就是完善的专业教育体制。从当前的情况来看，阻碍我国运动训练专业改革深入发展的根本性因素之一就是我国体育专业教育体制的自身缺陷。这里所说的专业教育体制，主要包括体育专业教育体系和专业教育制度两个层面。新调整的体育专业教育体系要求在体育人才的培养方向上划清界限，对每个专业的本位目标和拓展目标进行明确的规定，使各个专业同时具有专门性和社会适应性两个重要特性。需要强调的是，在专业教育制度上，要求运动训练专业在竞技体育举国体制改革的背景下，积极创造各项有利条件，使与专业竞技实践领域的联系进一步加强，从而为学生运动训练实践能力的提高奠定坚实的基础。

（三）加强运动训练的学科基础和专业教材的建设

良好的学科基础和优质的专业教材，是落实运动训练专业改革的重要前提和条件。从当前的形势看，运动训练专业的发展中出现了很多问题，其中，较为重要的有：支撑学科发展缓慢、专业教材“不专业”、专业课程体系与体育教育专业无实质性的差异等问题，这些问题导致运动训练专业改革无法从根本上进行。

众所周知，完备的专业课程体系的建立以及优质的专业教材，都与坚实的学科基础有着密不可分的联系。因此，这就要求运动训练专业的发展与改革作为支撑学科发展的重要前提，同时，还要使专业基础性学科的应用研究得到加强，专业性学科的理论体系得到进一步完善，然后在此基础上，将一套与体育教育专业、社会体育专业有明显区别的优质教材建立起来，从而为培养不同知识结构的专门人才提供有力的保障。

第三节　体育教育专业教学发展与改革

一、体育教育专业教学发展与改革中存在的问题

（一）课程设置滞后

当前，由于受到传统的基础理论和竞技运动项目的影响和制约，绝大多数体育教育专业的课程设置仍然存在着一定的滞后性，具体来说，主要表现为很少涉及民间体育活动和新兴运动项目的内容。近年来，通过改革，体育教育专业的课程有了一定的发展，并且也开设了系列选修课程，尽管如此，体育类专业领域课程所涉及的领域还比较少，并没有取得理想的开发效果。除此之外，由于体育教育专业并没有与社会发展的需求相适应，这就导致了供需的脱节，这就导致学生对此的兴趣越来越低。因此，改善课程设置之后的问题是非常严峻的，亟须解决。

（二）生源质量下降

近年来，为了增加人们受高等教育的机会，增进教育消费，进而拉动经济的进一步增长，高校开始大幅度扩招，但是，这一举措忽视了高等教育发展规律和当前我国高校的承受能力，因此，也带来了一定的负面影响。尽管当前大部分高校都开设了体育专业，但是，实际所取得的效果却不甚理想，究其原因，主要是由于很多高校都存在着体育师资力量薄弱、体育场地设施紧缺等不利因素，这些因素导致了体育专业人才整体素质的下降。

（三）就业难度增大

就业难度的增大，在一定程度上与体育毕业生没有树立正确的就业观念有关。从专家对这方面的调查中可以看出，体育师资在社会中的分布情况为，体育教师在城市中小学校以及高等院校中已经接近饱和，在城镇中学中也逐渐趋于饱和，而在农村及偏远地区的中学中，则对体育教师的需求非常大。由此可以看出，体育毕业生的就业前景还是比较好的，之所以会出现就业难的现象，还是由于很多体育毕业生没有树立正确的择业观，就业渠道较为单一，没有做好充分的应对就业压力的心理准备等，这也在一定程度上对体育教育专业的发展产生了制约作用。

（四）法律保障欠缺

从近年来的立法形式来看，体育法规大部分是部门规章等非严格的法规体例，但是，其也存在着一定的问题，主要表现为：法规层次与效力都不够高，实践操作性差等，这些就会对法律法规的施行产生直接的制约作用。对于我国高校体育教育专业来说，其发展迅速，对法律保障的需求就更加强烈。

尽管我国早在20世纪末就已经进入了体育法制化管理的阶段。但是，从目前的形势来看，我国高校体育教育的法规仍然存在着缺失严重的问题，在仅有的几部体育法规中还做出了限制性的规定。由此可以看出，这些法律法规并没有对高校体育教育专业学生的权利加以重视，这对于高校体育教育专业健康、持续的发展是非常不利的。

二、体育教育专业教学发展与改革的基本对策

（一）注重课程设置的特色化

目前，我国高校体育教育专业教学对术科与理论课时的比例进行了普遍的调整，并且呈现出了减少术科课时，增加理论课时的发展趋势。总的来说，要求高校在设置体育专业时，一定要以社会的实际需求为主要依据，并且与社会发展相适应，从而使体育学科的发展得到进一步完善。具体来说，可以从以下两个方面着手：第一，可以以自身的优势为依据，来对校本课程进行重点开发，将其办学特色发挥出来；第二，开设社会需求较大的专业，比如，身体疗法、运动科学、运动新闻报道等体育专业，这些专业的开设对于健康、运动和娱乐业的发展有着重要的意义。

（二）加强师资建设

体育教师队伍的素质水平在很大程度上取决于体育教育质量的高低。体育教师的主要职责包括传道、授业、解惑等方面，总的来说，就是培养体育人才。因此，只有加强师资建设，增强体育教师综合素质的提升，才有可能实现我国高等学校体育专业持续、健康发展的目标。这就要求各高校要不断加强教师的继续教育，尽可能地为教师提供定期或不定期的培训机会，使教师的教育观念得到进一步发展和改进，使教师的教学能力和科研水平得到有效提升，并且将科研与教学有机结合起来，两者相互促进，进而达到丰富教师自身素质的目的。

（三）从多方面出发拓宽就业渠道

就业难的问题，是需要多方的共同努力才能得到解决的。其中，最主要的有以下几个方面。首先，体育毕业生要紧跟时代发展潮流，通过正确就业观的树立、择业技巧的掌握以及良好精神意志的培养等方面来努力实现自救。同时，还要注重通过法律的渠道来对自身的合法权益进行积极有效的维护。其次，国家和相关部门要加强相关的立法，使学生的合法权益得到有效的维护，同时，为学生增设就业的岗位，使学生的就业压力得到有效的缓解。最后，是针对高校的，其需要不断加强体育毕业生的就业教育，开设就业指导的相关课程，对学生就业的综合素质进行有针对性的培养，并且为学生及时提供就业信息。除此之外，关注学生的心理健康，帮助他们实现工作适应期的角色转变，从而使他们以最佳的状态迎接挑战，更好地应对就业压力。

（四）健全法律法规来维护学生的体育权利

《国际体育运动宪章》和《体育法》都对体育教育专业的学生的权利进行了明确的规定。对于体育教育专业的学生来说，通过庄严的法律形式来对自身的体育权利进行保护，能够在一定程度上促进高校体育教育发展的规范性。

众所周知，再严密的法律，如果没有强有力的司法和监督机构，只能流于形式。因此，建立完善的监督与执行机构，对于体育法规的顺利实施，以及体育法规形同虚设的避免都是非常有利的。另外，还需要强调的是，健全和规范高校体育教育专业的法制建设，能够使学生的个人权利得到有效的维护，将以人为本的精神充分体现出来，同时，对于我国体育法律体系的完善也有着积极的作用。

第四节　民族传统体育专业教学发展与改革

一、制约民族传统体育专业教学发展的主要因素

（一）没有形成完整的学科理论体系

近年来，在相关政策的支持和鼓励下，民族传统体育的研究工作得到了一定的发展。但是，目前民族传统体育学科的理论体系还没有完全形成，学科基础较为薄弱，究其原因，主要是由于我国体育工作的重心一直都在现代体育上，再加上西方现代体育思想的制约，往往将现代奥林匹克体育项目作为关注的重点，而忽视对民族传统体育的相关研究，因此，导致民族传统体育专业的理论创新和内在价值及其文化底蕴的深层次理论研究都受到一定的制约和阻碍。

（二）培养目标不符合社会需求

"高级专门人才"" 专门人才"或"高素质专门人才"是民族传统体育专业人才培养的目标所在。但是，随着高等教育体制改革的不断深化，社会对该专业的需求发生了一定的转变，主要表现为厚基础、宽口径、高素质、重创新能力，一专多能的"复合型人才"，而从目前的形势来看，民族传统体育专业"培养高级专门人才"的培养目标并不符合社会需求。因此，要想解决这一问题，就要求转变民族传统体育专业培养目标定位，来对一专多能的复合型人才进行重点培养。

（三）课程设置完善程度较低

经过这些年的发展，民族传统体育专业已经在各高校中有了

一定的立足之地，各院校教学计划和课程设置在经过一定的调整之后成熟度越来越高，但是，不可忽视的是，其中仍然存在着一些需要改进和完善的方面，具体如下。

第一，目前，“平台 + 模块 + 群”的结构形式被各校课程体系广泛采用，在课程性质方面，也通常被分为必修和选修，从某种程度上来说，这对于复合型人才的培养是不利的。

第二，专项训练理论与实践的主题内容往往是武术套路、散打，学科内容较为单一，这也在一定程度上对民族传统体育文化的传承与发展产生了一定的制约作用。

第三，教育平台公共必修课都可以分为政治、外语及计算机三个门类，过于单一的形式对于学生能力素质的提升会产生不利的影响。

第四，对于一些课程来说，其存在着授课内容重复的现象，这也是不利于提高教学效率的。

（四）单一的招生方式

民族传统体育专业生源招收方式都是符合国家规定的，其中，不仅对其技术等级有一定的要求，在文化课方面也有相关的要求。从相关的调查中可以得知，民族传统体育所招收的生源往往是退役的运动员和武术学校的学生，这些生源就存在着一定问题，比如，运动技术与身体素质训练较为系统，但是，文化素质方面，由于没有经过系统的学校教育，文化素质普遍较低。民族传统体育专业的培养目标为使毕业生不仅具备武术、传统体育养生及民族民间体育的基本知识与技能，还能够使其从事民族传统体育教学、训练、科研及管理方面的工作。但是，从目前的情况来看，这种生源招收方式对于专业理论课的学习，甚至人才培养质量都是非常不利的。

（五）师资结构的均衡性较差

一直以来，民族传统体育专业的师资专业知识与技能结构都呈现出不均衡的状态,从而导致其主体都是武术。受各方面因素的影响,民族传统体育专业方面的师资较为缺乏,这就使得很多民族民间体育、传统体育养生项目无法开展,因此,在教学上往往会出现“教师会什么,就教什么”的现象。这也在一定程度上造成了民族传统体育专业的发展不均衡,对其发展的广度产生了阻碍作用,毕业生往往都是武术方向的,这就使该方向的毕业生的就业压力加大。要尽快将这一问题解决好,否则,会形成恶性循环,对民族传统体育专业教学的进一步发展不利。

二、民族传统体育专业教学的发展趋势

(一)学科理论体系越来越丰富

民族传统体育与民族学、传统文化等有着非常密切的联系,由此可以得知,一门专业的形成与建立是需要支撑该专业的学科理论体系的。随着该专业的发展以及研究队伍的壮大,对民族传统体育学基础理论的研究也会进一步加强,从而使之具备自身的核心内容和理论支柱,进而使完善、科学、系统的理论体系得以形成。从另一个角度来说,不仅能够为民族传统体育学科其他领域的研究提供指导思想和方法论,而且还能够为民族传统体育学科的总体构建夯实理论基础,因此,具有非常重要的作用和意义。

(二)理论与专业技术同等重要

民族传统体育文化与项目的进一步挖掘与整理,进一步丰富了传统养生体育以及民间民俗体育的教学内容,而民族传统体育以武术为主体的状况则逐渐得到淡化。由于受到“一专多能”的人才要求的影响,课程内容也发生了一定的改变,即逐渐向理论与技术并重的方向发展,具体来说,理论知识对民族传统体育历史、文化、民俗等内涵的教育,以及弘扬民族精神、文化交流、保护民族文化遗产的责任和作用越来越注重,而专业技术中的竞技成

分越来越少，将技能培养突出出来，对学生教学、训练能力的培养以及学生社会实践能力的增强的重视程度越来越高。

（三）采用“单招”与“普招”相结合的招生方式

“单招”与“普招”相结合的招生方式早在2008年就被提出来了。实践证明，“单招”与“普招”相结合确实能够使生源结构得到一定的改善。具体来说，“单招”的学生往往具备专业技术略好的特点，而“普招”的学生往往具备文化素质方面稍高的优势。将两者有机结合起来的招生方式，能够使两种生源的学生在教学过程中相互影响，从而将两者的优势都充分发挥出来，进而提高学生的综合素质。从某种程度上来说，这种招生方式不仅使人才培养的起点得到有效的提高，同时，也能作为一个重要手段来促进民族传统体育专业教学的快速发展。

（四）更加注重“一专多能”的复合型人才培养

在很长一段时间内，高等教育强调的都是对专才的教育和培养，而通才和多样化的个性发展受到忽视，这就导致了多年培养的专才出现了知识面窄、适应能力弱，缺乏综合性思维和利用其他学科知识的能力等问题。当前，经济发展迅速、政治稳定、文化传承与发展等都表现出了良好的态势，这就对人才的标准产生了一定的影响，一专多能的复合型人才与社会需求相符，这就要求朝着这方面的人才进行重点培养。

（五）专业体系的科学化程度越来越高

在我国，民族传统体育是传统文化的一部分、是重要的教育资源、是中国传统文化中“以术求道”的经典代表，它讲求通过肢体技术等一些直观的体验去把握传统文化中的思想与道德观念，但却一直缺乏一些可以量化的标准。在以现代奥林匹克运动为主要内容的体育全球化的冲击下，民族传统体育专业的发展更需要采用现代化、科学化的手段来适应世界体育文化的发展趋势。所以，民族传统体育专业体系运用大量的现代生物力学、人体生理学、运动训练学、运动心理学等实证学科知识指导民族传统体育的教学、训练与竞赛是今后发展的大趋向。

三、民族传统体育专业教学改革的策略

针对当前民族传统体育教学的发展情况，需要采取一定的措施来进行改革，从而改善当前民族传统体育专业教学的发展情况。

（一）实行“宽进严出”的政策

所谓宽进，就是指将高校民族传统体育专业的入学条件适当放宽，而严出，则是指加强相关课程知识考核力度。

近年来，由于受到竞技体育的影响，民族传统体育专业不受重视，高校民族传统体育专业的考生数量也越来越少，生源质量也呈现出逐渐降低的趋势，因此，往往会出现全额录取的现象。鉴于此，就要求相关工作者必须对现在实行的招生政策进行反思，并且将其与实际情况相结合，来进行适当的调整。

（二）采取“走出去”的发展战略

随着经济的迅速发展，教育事业也有了一定的改进，因此，民族传统体育要想得到良好的发展，就要求遵循经济发展“请进来、走出去”的基本方针，努力开展国内外联合办学、国内外合作办学、互派学生出国进修、安排相关学者访问等多种方式，开拓与国外交流的有效途径，加强深层次的交流与合作。除此之外，在对外交流与合作中，还要将我国民族传统体育的独特优势充分展现出来，使民族传统体育专业的学术价值和社会价值得到有效的提升，从而使民族传统体育在世界范围内都被认知和了解。

（三）优化和改进课程内容

作为中华民族文化传承的有机载体，民族传统体育在弘扬民族文化方面起着重要的作用，这一重要作用也要在民族传统体育专业中得到体现，同时，还要将发挥民族传统体育培养人才的功能，努力提高学生的综合素质的民族传统体育专业教学目标明确下来。

具体来说，要想实现民族传统体育专业教学目标，需要从以下几个方面着手。

首先，要将长期固定的教学内容摈弃，并且要对教学内容进行及时的更新，使教学内容能够将学校办学特色、地域特色和民族传统体育的应用性更好地反映出来。

其次，将传统的“喂养式”教学方法摈弃，而采用新的教学方法，同时，要强调将学生在教学过程中的主体地位突出出来，对学生进行整体性的塑造。

最后，在具体教学过程中，教师首先要对学生的实际情况进行充分的了解，并且在尊重学生个性的基础上，有针对性地进行不同方式的教学，从而将学生学习的积极性和主动性有效调动起来，使民族传统体育专业教学的效果得到进一步提高。

（四）有效拓展学生的实习渠道

当前，高校民族传统体育专业教学改革的一项重要内容，就是有效拓宽高校民族传统体育专业学生的实习渠道，并且引入人才培养新模式。要做到这一点，需要从以下几个方面入手。

首先，各高校应努力加强与当地公安机关、兄弟院校、大型企业、大型事业单位的交流与合作，从而为高校民族传统体育专业学生实习渠道的拓展奠定良好的基础，同时这对于学生的就业也有所帮助。

其次，可以将学生的实习时间适当延长，并且努力推行学分制，从而使高校民族传统体育专业学生的实习范围进一步扩大。

再次，各高校在国际交流与合作方面也要加以重视，为学生学习提供国际化的实习机会。

最后，高校还要以目前民族传统体育专业就业状况和社会需求为主要依据，来对民族传统体育专业实习、实践规划进行适当的调整。同时，还要加强与大型企业的合作，针对其人才需求来有针对性和目的性地进行人才培养，从而提高学生的就业率。

（五）有效提升教师的专业素养

高校民族传统体育专业教学改革在很大程度上受到教学团队建设的影响。通常来说，成功实施高校民族传统体育专业教学改革离不开一支高素质、高水平的教学团队。因此，有效提升教师的专业素养就显得尤为重要了，要做到这一点，可以通过以下几种途径实现。

第一，将高素质、高水平、具有创新意识的高校民族传统体育专业教师积极引入进来。

第二，对其他院校的成功经验进行积极的借鉴，同时进行定期培训，使教学团队的专业水平得到有效提高。

第三，教学团队领导人要对教师之间的相互交流与合作，同时，还要定期开展教学研讨会、教学成果分享会等，从而充分发挥出团队作用，进而取得理想改革效果。

第四，将合理的竞争机制确定下来，从而使高校民族传统体育专业教师之间的良性竞争得到保证，对教师团队整体水平的提高起到积极的促进作用。

参考文献

[1] 李启迪，邵伟德 . 体育教学基本理论研究 [M]. 北京：北京师范大学出版社，2014.

[2] 尹建军 . 我国现代高效体育教学思想与内容体系的形成与发展 [J]. 广州体育学院学报，2012（03）.

[3] 张汉辉 . 体育教学目标问题的分析与探究 [J]. 教育，2015（03）.

[4] 毛振明 . 体育教学论 [M]. 北京：高等教育出版社，2011.

[5] 孙帅 . 创新高校体育教学方法的对策探讨 [J]. 长春理工大学学报 :2011,4（30）.

[6] 刘冬青，魏莉 . 我国高校继续教育的发展现状及对策分析 [J]. 中国教育技术装备，2013（30）.

[7] 姜明 . 现代学校体育教学研究 [M]. 武汉：湖北科学技术出版社，2013.

[8] 何桥，陈晶晶 . 高校继续教育发展趋势与机制创新 [J]. 黑龙江高教研究，2011（07）.

[9] 王雁等 . 现代体育教学发展与管理应用研究 [M]. 北京：中国时代经济出版社，2013.

[10] 江波，蒋凤瑛，杨劲松，钟之阳 . 国际视野下的我国高校继续教育的改革和发展 [J]. 国家教育行政学院学报 :2015（09）.

[11] 林道光 . 普通高校继续教育学院现状与发展趋势 [J]. 中国成人教育，2010（14）.

[12] 鲁长芬，王健，罗小兵，董国永，秦小平 . 运动训练专业改革的问题、原因及策略研究 [J]. 武汉体育学院学报 :2011，45(01).

[13] 潘宁,龚群,谢罗希．我国高校民族传统体育专业发展制约因素及趋势研究 [J]. 华中农业大学学报 :社会科学版,2011（01）.

[14] 陆盛华．高校民族传统体育专业教学改革 [J]. 科教导刊,2014（34）.

[15] 龚正伟．体育教学新论 [M]. 长沙：湖南师范大学出版社,2012.

[16] 胡茂全．江苏省普通高等体育教学评价的研究 [J]. 南京师范大学,2012（05）.

[17] 黄涛,权树琳．高校体育教学改革现状、发展走向及改革对策 [J]. 文体用品与科技,2015（04）.

[18] 蒋新国．体育教学原则新论 [M]. 广州：暨南大学出版社,2010.

[19] 张作斌．对普通高校体育教学内容改革的思考 [J]. 教育探索,2010（07）.

[20] 龚坚．现代体育教学论 [M]. 重庆：西南师范大学出版社,2009.

[21] 赵光学．体育教学理论与发展探究 [M]. 长春：吉林大学出版社,2013.

[22] 安丽娜等．现代体育教学管理研究 [M]. 北京：中国时代经济出版社,2013.

[23] 潘凌云．体育教学模式探讨 [D]. 华中师范大学,2002.

[24] 刘军．对体育教学设计现状分析及策略研究 [J]. 体育教学,2011,31（1）.

[25] 蔡先锋．现代体育教学与科学化管理 [M]. 北京：中国书籍出版社,2014.

[26] 史立峰,厉成晓．我国高校体育教育专业改革与发展的思考 [J]. 成都体育学院学报 :2009,35（01）.

[27] 王保成．学校体育教学内容的层次与选择 [J]. 首都体育学院学报 :2004（03）.

[28] 邓星华,谭华．新编体育教学论 [M]. 上海：华东师范大

学出版社,2008.

[29] 杜俊娟 . 体育教学设计 [M]: 北京: 北京体育大学出版社,2007.

[30] 夏志琴 . 我国高校体育教学内容改革的探讨 [J]. 内江科技,2012(02).

[31] 张劲松,张淑君 . 高校体育教学内容选择的现状及其影响因素调查研究 [J]. 贵州体育科技,2004(01).

[32] 孙利红 . 体育教学内容对大学生心理健康影响的实验研究 [J]. 武汉体育学院学报 :2006(11).

[33] 毛振民 . 论体育教学目标与体育教学内容的关系 [J]. 中国学校体育,2005(06).